读懂投资 先知未来

大咖智慧
THE GREAT WISDOM IN TRADING

成长陪跑
THE PERMANENT SUPPORTS FROM US

复合增长
COMPOUND GROWTH IN WEALTH

一站式视频学习训练平台

日内微趋势交易

托马斯·卡尔 著

包文兵 译

山西出版传媒集团
山西人民出版社

图书在版编目(CIP)数据

日内微趋势交易 /（美）卡尔著；包文兵译. -- 太原：山西人民出版社，2015.7(2023.8重印)
ISBN 978-7-203-09040-3

Ⅰ.①日… Ⅱ.①卡… ②包… Ⅲ.①证券交易-基本知识 Ⅳ.①F830.91

中国版本图书馆 CIP 数据核字(2015)第 091687 号
著作权合同登记号：图字：04-2015-038

日内微趋势交易

著　　者：（美）托马斯·卡尔
译　　者：包文兵
责任编辑：员荣亮
出 版 者：山西出版传媒集团·山西人民出版社
地　　址：太原市建设南路 21 号
邮　　编：030012
发行营销：0351-4922220　4955996　4956039
　　　　　0351-4922127(传真)　4956038(邮购)
E-mail　：sxskcb@163.com　发行室
　　　　　sxskcb@126.com　总编室
网　　址：www.sxskcb.com
经 销 者：山西出版传媒集团·山西人民出版社
承 印 者：廊坊市祥丰印刷有限公司
开　　本：710mm×1000mm　1/16
印　　张：12
字　　数：167 千字
版　　次：2015 年 7 月　第 1 版
印　　次：2023 年 8 月　第 2 次印刷
书　　号：ISBN 978-7-203-09040-3
定　　价：36.00 元

如果印装质量问题请与本社联系调换

绪 论

什么是微趋势交易

在这篇绪论中,我希望可以提供一种根据现今市场状况采取的非常短期的交易策略。我深信我称之为微趋势交易的超短期交易将会成为未来5到10年甚至20年中唯一可以获得稳定收益的交易形式,其原因我将在这篇绪论中阐述。

在过去,只有纽约或芝加哥交易中心有快速交易员,他们随着起起伏伏的行情喊出订单。散户们无法获得盘中的市场数据,只得支付高昂的交易佣金,因此限制了他们只能运用入市—持有的交易策略。互联网的发展和线上折扣经纪人的出现改变了这一切。一类新的市场参与者诞生了——普通人也可以成为积极交易者!在20世纪90年代末的大牛市中,伴随着理发师理发之争和出租车司机的票价之争,普通人炒股勃然兴起。但是很快9成的积极交易者在2001年的股市崩盘中破产。于是,但凡还剩一点钱的人都又一瘸一拐地回到他们的经纪人处做长期投资了。

所有的一切在几个月前已经发生了变化。在我写这篇绪论时,美国的经济才刚刚开始从长期的萎靡中复苏,一些经营了数十年的大公司已经破产,美联储将利率降至仅0.25%,联邦赤字激增至1万亿美元,专家预测美元将会崩盘,人们又一次开始囤积黄金作为其经济生活的唯一希望。接近灾难开始时,标准普尔指数和道琼斯工业股价平均数都击穿了其长期的支撑线,在反弹前暴跌至12年来的新低。仅2008年一年,标准普尔大盘

指数就蒸发了18万亿美元的市值。换句话说，现今的市场反弹是没有支撑的，我们处在一个没有尽头的极度波动的市场中。所以"买入并持有"的策略明显行不通。

现在的下跌在两个方面独一无二。一是它出现得十分快。大萧条时期，股市暴跌88%用了3年；20世纪70年代早期，股市仅在下跌50%两年半之后触底。20世纪90年代的大牛市在2000年中开始下跌，直到2003年初最后一个暴跌才算彻底完成。而现在大不相同，2008年秋天在6个星期疯狂的抛售后，仅仅8个月股市就从2007年高点（标准普尔1576点）暴跌了53%。

与急速下跌相伴的是令人吃惊的高波动压力。市场的波动性通常用VIX（波动率指数）衡量，VIX是一个月以上标准普尔500指数期权价格的加权指数。当投资者期望标准普尔指数价格有大的起伏时，对近期期权支付的期权费——因而VIX指数——就会上升。VIX超过30通常表明预期波动性将高于现在市场变动水平。例如，在9·11恐怖袭击之后，VIX高达44。在2003年熊市的最低点时，VIX高出了45。但是当2008年11月标准普尔指数毁灭式暴跌时，VIX创造了90的历史新高。2009年一个像样的熊市反弹使得VIX在近一个月的时间都处在20以下，但是在这之后VIX前所未有地连续27周都处于40以上的高位。

2008—2009年股市崩盘的原动力为大家所熟知：贷款渠道被挤压，房地产泡沫破灭以及飞涨的石油价格和物价，紧接着是全球大型金融机构的倒闭：贝尔斯登、房地美、房利美、AIG、华盛顿互惠银行、雷曼兄弟、通用汽车，以及接近破产的花旗集团、通用电气和另外两家美国汽车制造商。但是很少有人知道如何扭转局势。联邦政府介入了这些接近破产公司的收购，这在大萧条时期后从来没有发生过。美国的纳税人现在部分拥有国家最大保险公司、最大的存贷机构以及一部分健康的国家汽车制造业。联邦政府的慷慨终于赢得了这一天。而联邦政府慷慨的意图很明显，就是企图拿钱去润滑商业和消费信用那堵塞的管道。但是怀疑论者却认为这种对抗由太多债务引发的危机的方式将让政府承担更多的债务。

我写这本书过程中经过了2010年，我们看到了股市已经从熊市中复

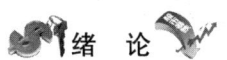

苏。而在一些诸如墨西哥湾漏油事件，希腊经济崩盘以及银行改革立法等事件的影响下，VIX 再一次达到顶峰。这标志着市场四年持续高波动率的开始。我仍然相信我们即将面临更多年的异乎寻常的市场波动。因此，交易者学习微趋势交易艺术以获得持续收入是十分必要的。

此时的情况已完全不同

自从股市开始，熊市一直是股票市场一般性上涨轨道的一部分。熊市出现在没人期待它出现的时候，持续时间长到足够造成破坏，离开得出乎意料。了解市场规律并期望获得丰厚回报的投资者喜欢熊市。到目前为止，每一次暴跌都提供了准备大宗交易的原始机会。如果你在 2020 年读这本书，你回顾 2008—2009 年的股市大崩盘就会觉得它是你迅速攫取市场资金的关键点。毕竟，如果你在 1932，1942，1949，1953，1962，1974，1987，1991 任何一年股市下跌后投入仅仅 5 万美元购买安全的蓝筹股，你都会在 7 年时间获得你第一个 100 万。

但是现在事情是否不同了呢？如果市场没有在未来的 5 年、10 年甚至 20 年反弹至新高点呢？如果我们导师所教的指数导向的入市—持有策略不再有效了呢？如果这是真的，那么正如前美联储主席格林斯潘向国会陈述的那样："整个自由市场的智能大厦在 2008 年夏天轰然倒坍。"

准确地说，市场波动是可以观察到的，这可以作为"效率市场假说"的一个修正，效率市场假说认为未来市场价格的所有风险是可以测量的，现在的价格自然会调整以对风险做出反应。而市场波动揭示了一部分风险是无法估量的，也就是现在评论员所说的"真正不确定性的残留"。波动的出现是警告那些市场专家：一些尚不知晓的因素还未被定价。这对短期资金管理者采取套期保值策略，将资金转移到安全的地方，轮转部门，也是一个信号。而高收入的分析师也花费更长的时间去探求原因，以在美国广播公司财经频道发表他们的研究成果。

但是如果现在的市场动荡状况不仅是修正呢？可以肯定的是，2008 年金融危机由现在可以证明的事件突然引起。在混乱背后有一些理性的东

西，但是同样有一些难以解释的因素在起作用。附着在大屠杀上的是不确定影子和正在一天天滋长的不可估量的风险。正是这种"不确定性的残留"使得以投资为基础的传统算法不起作用。

正如许多投资者所说："分散减少风险"（没有一种资产是安全的）；"当美国衰落的时候看一下外国"（几乎百分之百的国际市场都与美国市场相关）；"价格趋向于遵循增长"（成长股行业经受的打击最大），2008年将会作为"血色交易"的一年载入史册。

我希望在这假设的论题是投资的基础环境已经改变，而且很可能已经改变了很长时间了。现在的事情已经完全不同从前了，旧的规则已经不再适用。

沃伦·巴菲特，毫无争议是现今最成功的活着的投资家，曾经信奉低换手率和价值导向的传统主义者，但是他在这个市场遭受了巨额损失。他长期持有的公司，伯克希尔·哈撒韦，在2007年公布的盈利是其在成立之初的400 000%，而在2008年盈利缩水一半。在3个月的时间里，伯克希尔·哈撒韦公司累计净值的2000万基点从账面消失。虽然从那以后伯克希尔·哈撒韦的股票有了健康的反弹，但是这种每日的波动，特别是一个曾经稳健的公司，现在却步履艰难（这尤其让伯克希尔·哈撒韦长期股东感到不安），是很惊奇的。

2008年10月17日，巴菲特给《纽约时报》写了一篇特约评论："一个简单的法则指导着我股票的入市，那就是当别人贪婪的时候恐惧，当别人恐惧的时候贪婪，很显然，现在恐惧是普遍的。"这些话没有一个字是多余的。巴菲特的伯克希尔·哈撒韦刚刚以每股115美元的价格买入高盛投资50亿美元的股权。当《纽约时报》的特约评论见报后，高盛的股价是110美元。在仅仅5个星期过后，高盛的股价跌至46.98美元的低点，巴菲特的投资缩水近60%。这个声称第一条投资法则就是"不要赔钱"的投资家（起码在账面价值上）损失了巨额的资金。

成功的资金管理人、成长股专家路易斯·纳维里尔根据基本经济增长的专有指标提出了2008年的几个市场预言。而这些预言都被证明是大错特错。2008年6月，纳维里尔在周博客上写道："我们十分看好石油股。"他建议买进美国西方石油公司（OXY）、卡梅隆国际（CAM）和巴西国家石油公司（PBR）的股票。4个月内，这三家公司分别下跌了55%、72%和78%。2008年7月，纳维里尔声称他投了很大的赌注在化肥股票上，并吹捧加拿大钾肥（POT）公司是一个主要的持有目标。2008年11月，加拿大钾肥公司领跑化肥类股票下跌77%，化肥股票指数下跌57%。2008年8月末，纳维里尔的博客首页又声称说："房地产市场的回调即将结束。"但是之后，道·琼斯房地产指数暴跌65%。很明显，传统的价值衡量手段发挥不了作用。

吉姆·罗杰斯因为他20世纪70年代作为索罗斯的搭档在货币市场成功运作和90年代牛市中商品交易的正确选择而闻名。在股市崩盘前几个月，罗杰斯变得悲观。他在2008年2月的一次采访中说："最近一段时间我十分悲观，我觉得这一次的事情要比我预期得更糟。"罗杰斯认为在国会支付了1万亿美元的账单后，伯南克下调联邦基础利率125个基准点，释放出不情愿的信号，而罗杰斯认为现在的经济形势需要民选领导人提供一种规范化的方法。他表示："可以想象，我们刚刚遭遇了经济衰退、市场萧条、美元下滑、通货膨胀等等，但是我担心会变得更加糟糕。伯南克正在疯狂地印钞，他和联邦政府都失去了理智。我们很有可能面临二战之后最严重的经济衰退。这不是什么好事。"罗杰斯是在国外发表的这些言论。2007年12月，他出售了他在曼哈顿1580万美元的资产，并把他的家和生意都转移到了新加坡。他写道：现在，我们仍旧处在20世纪30年代以来最漫长的经济衰退之中。

现任美联储主席伯南克和财务部部长盖特纳对于合理投资原则不会陌生。伯南克在麻省理工学院获得经济博士学位，在2002年就职联邦中心银行之前，曾在普林斯顿大学任教数年，他首先担任联邦中心银行理事，然后担任主席。盖特纳受命于克林顿政府，帮助财政部在发展中国家进行战略投资，大多数投资成功收回。盖特纳和伯南克以及众多经济界的知名人士都建议奥巴马总统，一些处于崩溃边缘的公司太大，不能任由其倒闭。他们共同说服奥巴马为通用汽车注资500亿美元。然而那个时候通用汽车的市值约1500亿美元，那时实际评估（包括通用汽车养老基金和其他东

西）在内其市值只有 200 亿美元。联邦政府第一次以接近每股 4 美元的价格收购通用汽车的股票。在被摘牌之前，通用汽车股价跌至 0.27 美元/股，美国纳税人的钱在这次救援行动中损失达 97%。现如今，通用汽车已经破产。它最后的"粉单（指公开市场退市后在场外交易，因场外交易票据是粉色的）"股票交易价格仅为 50 美分。全部的经济智慧就只是这些。

如果诸如巴菲特、纳维里尔、罗杰斯、伯南克和盖特纳这样的资深人士都无法把握住这个市场的话，平凡普通的我们面对的是怎样的情境呢？我认为，如果我们再死守着那些过时的投资法则，我们的日子也不会好过。不过，旧习难改。当事情进展不顺利时，我们总倾向于寻求过去有效的方法，这是人的天性。举一个例子：2009 年的畅销书，《聪明的投资者》，是本杰明格·雷厄姆 60 年前出版的经典之作。而这本书是"长期持有、重视股利"——价值投资的圣经。这是一部伟大的书，书中随处皆是大智慧。但是它在未来 5 到 10 年，甚至更长的时间里将被证明是大错特错。应用投资组合理论对于以投资为生的投资者还是有帮助的，特别是希望通过 40 年的职业生涯最大限度地提升自己养老金的人。但是在像现在这样的经济政治环境下的市场中，它对于任何人都没有一点好处。

2009 年 6 月 2 日，政治评论家、投资家本·斯坦在特约专栏写道：这一次很不一样。个人金融中有四个最危险的词。他们之所以危险是因为这一次和以往都不一样……问题是这一次特殊的金融危机和之前真的完全不同，至少对于我来讲是这样的。

我十分赞同本·斯坦。这一次确实不同。是的，我们见证了大萧条的失业和 GDP 的紧缩，而我们过去从大萧条中恢复过来了。是的，我们经历了 20 世纪 70 年代大难临头的滞涨，而我们从滞涨中恢复了。政府正在印制大量的货币以保持经济增长，但是，我们之前已经做了，我们已经恢复了。然而，历史上美国从来没有面对过现在这样的状况：万亿美元的赤字预算（包括最近通过医改法案的花费），加利福尼亚这样的州和希腊这样的国家正走向破产，上调商业和消费税，人口老龄化遭遇退休金和社会保障无法支出，中国等国正在大举购买美国的地产、商业甚至篮球队。

绪 论

学习——一条艰难的路

因此，这新的市场环境下需要的是新的方法。我有必要讲一下我是怎样想起去创造这种新方法的。在我上一本书《生存之道的趋势交易》的绪论中，我描绘自己从教人们哲学宗教到教人如何投资的人生历程。在那篇自述结尾处，我提到，我多年来都在乐观地为我自己和其他的人寻找成功交易的方法。

那本书出版之后，很多同仁给我提供了方法。其中最吸引我的方法是华尔街一家著名的研究公司提供给的，我将不会提及其名字。这样公司为专业的资产管理者提供所有公开交易的公司财产规模的排名。这个排名对成功公司的跟踪记录让人印象深刻。对我的邀请很简单：我可以使用公司强大的检测工具，作为交换我在个人网站（Befriendthetrend.com）上发表的任何事情中都提及这家公司。我给了这项安排一个有条件的同意，以表明我先需要一些时间准备。

为了最好地利用这家公司提供的强大的搜索引擎，我在接下来的3个月尽可能地学习了基本面分析。作为一个没有商业知识背景的技术分析师，我知道在基本面上建立一个交易系统是一次扩展。所以我将自己置于严格的研究项目之中。我决定从专家入手。我阅读了我可以找到的世界最伟大投资家的所有资料。我的阅读投资家清单上有：巴菲特，纳维里尔，彼得林奇，马丁·茨威格，邓普顿爵士，福斯特·弗莱斯以及威廉·奥尼尔。我做了大量的笔记，标记了与稳健的市场收益有关的底线构成。研究的结果是下列的15个基本参数，它们可以机械地量化和编码到搜索引擎中。

价格比率：

- 价格/收益（PE）/增长率<1.0
- 价格/销售<3.0
- PE<1.5×PE（标准普尔500）

股东权益收益率（ROE）/资本收益率（ROIC）

- 5 年平均 ROE>15%
- ROE>行业平均值
- ROIC>15%

每股收益（EPS）增长率

- EPS 季增长率>20%
- EPS 季增长率>EPS 年增长率
- EPS 季增长率>1.25×EPS 增长率（标准普尔 500）

收益增长率

- 5 年的收益增长率>0%
- 季度收益增长率>20%
- 季度收益增长率>年收益增长率

收益指南

- 财年估计增长率>5%
- 最近季度增长率>5%
- 从上一季度收益估值增长

除了这些参数，当搜索结果超过 10 家公司时，我增加了选择性障碍。包括低的负债权益比率，高的利润率，正的自由现金流以及高于平均的相对强弱指标。用公司巨大的数据库，加上各种再调整和损失管理算法的回溯测试优化，我将这些数据带入机械的交易系统中得到了大量的年收益数据。在我运行的一个 5 年期的测试中，这个筛选产生了平均年单利回报率超过 127%。我觉得我发现了"圣杯"。

在我用这个交易系统进行真实交易前，我对搜索结果的每一家公司都建立了严格的尽职调查规则。作为一个虔诚的基督教徒，我想避免入市任何一家最初的商业使命与圣经道德冲突公司的股票。使命陈述不规范的公司将予以剔除，规范包括重视客户、保护员工、财务透明及其他的伦理实践等。给某些机构的慈善捐赠但没有保护人类生命的公司也将从名单中剔除。在上述条件满足的情况下，我准备用一个全新的交易方法去进行交易。

2008 年 3 月，我在"趋势交易"和"便宜的股票"中发布了两个新的投资组合以便于我的读者可以跟着做。我也将自己的钱投资了这些投资组合。我的头寸管理方法很简单：我在每个交易日的最后检索公司数据，在我没有满仓之前，投资于任何一家新的通过检索的公司。一旦我满仓，我会一个月检索一次，然后根据检索结果再调整。卖出所有落榜公司的股票，入市最有希望的新的候选股票。就是这样，我开始出发，拿着我假设的门票跑进交易/投资大联盟。

最后证明，2008年3月是仅根据基本经济增长指标交易系统做多的一个很好的开端。标准普尔500指数在经历过贝尔斯登倒闭和房产市场陷落后，5个月内上涨了20%。反弹至200周移动平均线。指数的确反弹了。在标准普尔500在5月份创5个月来的新高之前，整个3月、4月都维持了+15%的压抑性反弹。那段时间，看涨的分析员在每个新闻频道都声称经济开始反弹，房地产危机已经见底，信用恐慌被夸大，美国消费者的倾向应是"继续购物"。我们大多数人没有认识到这些言论很快就被完全地驳倒。

10个星期稳健的市场给我们带来了不错的回报。我们在3月、4月获得了很不错的收益，在6月份也有一个不错的开端。此次成功和我新书销售量的上升为我的服务赢得了关注，我可以吸引很多的新客户。趋势交易在网站 Befriend 获得了成功。但是，我们都知道这只是暴风雨来临之前的平静。

我认为2008年5月的高点预示着更好的市场前景，但事实证明这大错特错了。我并不是唯一一个被这次反弹欺骗的人。但是我是唯一一个为接下来会发生事情受到责备的人。我当时正在使用的技术基本分析方法没有止损。每个月的调整就是为了避免更大的损失，因为表现不好的股票会从检索结果中消失。我推断只要我每个月进行调整，方法本身就可以抵御重大损失。事实上，我做的所有回溯测试都没有止损，显而易见，结果证明了我的方法多么"明智"。

这个愚蠢的错误差点终结了我的股票交易事业。2008年5月温和反弹触发了我专有的"趋势交易"入市信号。我所使用的每一个指标同时指示根据我新的混合检索系统得出的好看的候选者，我在5月底清空了亏损的

股票，入市新股。我的开始很完美，尽管市场波动和大部分多头组合，我还是在6月份获得了不错的收益。我自信高涨地增加了我的仓位。熊市恰恰在这个时候来临。6月底到7月上旬，市场在标准普尔500跌落至多年来的新低后摇摇欲坠。2008年夏天的市场下滑，用我的新方法，将我打回到了收支平衡点。但是我仍旧充满信心。毕竟，我是收支平衡的，且市场创了新低。7月底到8月初市场温和反弹，使我信心增加，重拾希望。

2008年9月1日，我清空了所有的组合，因为每一个组合都没有通过检索。两个星期之后，我再一次满仓。我的时机糟透了。2008年9月7日，政府宣布收购房地美和房利美，2008年9月15日，雷曼兄弟申请破产，美国银行以几美分的价格收购美林证券。2008年9月16日，政府宣布发放850亿美元贷款给AIG。此举仅仅造成第三季度末的市场下跌和我的交易账户亏损。

不幸的是，这仅仅是个开始。2008年10月3日，国会公布了7000亿美元的紧急经济稳定法案（TARP）。那个星期，标准普尔500下跌了25%，我持有的股票也随之下跌。市场的剧烈动荡在那个月底接踵而来，2008年11月市场迎来了第二波强烈的抛售高峰。当硝烟终于散去时，在跌至不祥的666点之前，标准普尔500指数在短短的一年里从历史新高的2007年10月的1576点暴跌至几十年的低点741点，跌幅达60%。由于没有分散投资，我损失惨重，就像一个无底洞，我觉得我永远也爬不上来了。

那家我想合作的华尔街研究公司也在市场的下跌抛售中受到重创。这家公司被迫解雇了一大批重要的主管，包括与我建立合作关系的那个家伙。结果，那家公司没有任何人回复我的电话或者邮件。因为没有签订合同，我也不能再继续免费使用这家公司的搜索引擎。就这样，我放弃了甚至掌握基于基础交易的所有希望。

吗哪原理

我有一个很久的习惯，每天早上读一两章圣经作为我早上的礼拜。按照这个速度，我大概每三年可以通读一遍圣经。2008年10月上旬，我新的交易系统崩溃时，我正读到《出埃及记》，故事讲述的是以色列人摆脱埃及人奴役的故事。

标准普尔500处于自由落体模式，一个星期跌幅达18%。2008年10月10日，星期五，市场从前一天毁灭性的7%的跌幅中回升（跳空高开），所有三个指数期货跳空低开，迅速飘红。这天早上，我读到了《出埃及记》第16章。以色列人厌倦了摩西领导下那漫无边际的炙热干燥的荒漠。他们怀念在埃及做奴隶的日子：

是的，虽然劳役是困难的，但是那里起码有很多食物。似乎上帝给予他们自由，就是把他们带到这片荒芜的地方饥饿至死（《出埃及记》，第16章第3节）。

我曾经去过西奈沙漠。它在很多方面十分壮观：地震后的岩石自然形态使得地形呈现一幅令人感到舒适的轮廓；因为干燥清新的空气，夜空呈现出各种看得见的奇观。但是它也是地球上最像月球的地方；"荒芜"并不足以描述它是怎么样的苍凉。很容易理解希伯来人"怨妇"般的行为，尽管摩西是那么真诚地努力带领他们沿着上帝选择的路线前进。

上帝总是在事情发展到最坏的时候才仁慈地介入，这在圣经中时有发生。上帝忽视子民们的抱怨，而赐予他们来自天堂的面包(《出埃及记》，第16章：第11、12节)。圣经中用"吗哪"形容这面包。"吗哪"的词源并不确定，但是这个词很可能来源于两个希伯来的词根，意思相像，"到底该做什么？"我喜欢这个词！上帝在饥饿的人们面前放置了一公里宽的粘稠糖霜的地毯，他们做的第一件事是寻找食谱。

但是也有限制。以色列人通过观察三个简单的规则，被要求学习服从上帝的意愿：吗哪只能在早上收集，不能贮存过夜，在安息日不能收集。

当我读到这里的时候，我的脑子开始转动。风险的声音听起来是那么美妙，我相信上帝一定是想通过这个故事告诉我些什么。不要误会我的意思。我从来没有想过上帝会通过一些神秘的圣经密码向我透露一个秘密的交易方法。对于信徒来说，圣经是巨大的力量，带领我们前往上帝的头脑和心灵更深入的地方。但是用圣经力量去攫取私人利益是十分愚蠢的

行为。

我仍旧认为上帝通过这一章留给我很重要的原则；这些原则可以潜意识地改革我交易的方法。就像吗哪会出现在每个清新的早晨，每个新的一天也会带来新的机遇。像吗哪过夜会腐烂一样，许多市场的机遇会因晚上的波动而在第二天消失。另外，上帝命令以色列人只能拿足够使得他自己和他的家人吃饱的食物。也就是说"谁拿的多不一定得到的多，谁拿的少不一定得到的少"，换句话说就是不要贪婪！

那个早晨，根据《出埃及记》第16章，我写下了四条——吗哪原则，这是上帝让我在交易中认识到的原则。这四条原则是：

1. 获得现在的市场状况，最好缩短你的时间。
2. 满足于小的短期收益。
3. 当市场给予你收益时，要及时锁定利润，特别是在早上的几个小时。
4. 与紧抓收益过夜倾向做斗争。

就这样，我所说的微趋势交易原则诞生了。这个交易方式也许是未来几年少有的获利交易方式，我将在接下来为大家详细展开。

定义的微趋势交易

我把这些圣经里得到的交易原则应用到实际中去，因而有了一种全新的目的。我开始着手研发一系列快速交易、快速获益的交易系统。我制定出这些交易系统必须遵守的四个关键要素：

1. 它们必须在模拟的回溯测试和真实交易中都表现稳健。
2. 它们必须在各种类型的市场环境下都频繁给出方案，而且是容易交易的。
3. 它们必须允许持有股票的时间不能超过5个交易日，优先考虑一天的交易。
4. 它们必须尽可能地100%的机械化，这样才有可教学性。

微趋势中的"微"是指大部分时间我们都盯着日内趋势和模式。这不总是正确的，但是对于每种情况下，我们只关注它三天甚至更少的数据。在微趋势交易中，我们想要排除日交易的经济、地缘政治、事件驱动交易的噪音，去寻找时间范围的相对常态，并从中获利。在过去两年这种极度波动的市场中，适合波段和头寸交易的持续趋势很难得到。剥开表面，挺进开盘和收盘价之间的空间，我们可以发现一些可以利用的机会。微趋势很小，往往隐藏在原本混乱的市场的合理性中。

有一点必须要认识到，在微趋势交易中，每一个交易信号的期望收益相比长期持有都小得多。股票理想的微趋势收益是在+1%的范围内。比如，股票价格是50美元，那么我们期望获得收益是每股0.5美元，事实上，大多数收益要低于这个。但是这种很小的收益被微小的损失所抵消，获利的百分比越高，头寸就越大，微趋势策略要求的交易次数就越多。每次交易的总平均，包括所有的损失，通常在+0.15%到+0.4%的范围。这样在所有平仓交易的获利率一般徘徊在60~70百分位数。入市——持有的交易者、头寸交易者和波段交易者通常拿出其全部资产的10%甚至更少投入每次交易，而微趋势将把总资产的50%甚至更多投入每一次交易中，并经常使用保证金（保证金是你向经纪人有偿借入用于投资交易的资金）。只要受损，交易及时停止，盈利者允许在止损的情况下操作，大部分（如果不是所有的）交易在晚上平仓，因此使用保证金是十分合适的。

所以，再次强调，虽然微趋势交易的净收益可能很小，但是所有的交易都可以通过高成交量和大规模的持仓获得高额收益。微趋势战略的目标是每年40%以上的回报率，而有经验的交易者可以使用高风险系统在热门的市场上获得更高的收益。

为了增加获得高收益的可能性，微趋势交易有类似于ATM更多的优点。由于你通常是每天都进入退出市场，所以在每个交易日结束后，大概美国东部时间下午4点钟，将你全部或者大部分的收益以现金的形式存起来，这样你就可以看到你日常收入的积累。长期交易战略一般都持有股票几个星期甚至几个月，你的股票在不可预期的市场动态中起起伏伏遭受损失；与此不同的是，微趋势交易者的下跌只会持续几分钟、几小时或者几天。在大多数收盘的时候，你的账户都是盈利的，而作为一个个体交易者

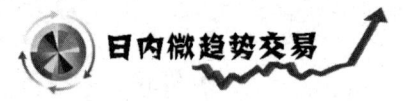

你的净资产也将提升一个水平。

你也可以按照你的时间表去操作微趋势交易系统。一些活跃的微趋势交易者只在早上的几个小时交易，还有一些在午餐的一两个小时交易，还有一些则选择在收盘的一个小时交易。尽管部分时间交易的收益不如全天交易，但是一些上班族和家庭主妇可以做其他的事情，而不是把时间只局限于晚上。在这本书所教的方法中，大多数你的研究只需在股票市场活跃的几个小时去做。

好了，说了这么多，让我们现在就开始吧！

序

这本交易手册为什么与众不同

我知道你为什么要买交易类的书。这与我买交易类的书的原因是一样的：你希望可以学会如何买卖股票（期权、期货等）以获得收益。你还想学会在所有的市场状况下如何重复做这件事。简而言之，你希望有一本书教给自己一套可以获利的交易方法细节。你希望这些方法足够有哲理去应对各种市场状况，但是又不要复杂到你无法进行交易。你还想看到它们过去如何执行交易，结果是什么。

另外，我还知道你为什么对你以前买的书感到沮丧。这也是我的书架上堆满了没有读完的交易类书籍的原因。它们都是太注重一般性而忽视了细节。它们通过一个个获得巨大成功的交易案例去引诱你，但是却没有告诉你如何复制它们的成功。最令人讨厌的是它们告诉你的大部分事情你都已经了解了。在一本交易类的书中你最终需要的是另外一系列关于指数、趋势线、K线、价格形态的章节。你要么已经了解了这些，或者如果你还不了解这些，你可以在网上免费查阅。

你在交易类的书中寻找的东西也正是我想要的：一本按部就班的手册，要有大量的案例和试验支持的结果，能够让你精确地复制作者获利操作的全部步骤。谢天谢地，你不必再找了！你此时此刻拿到的这本书就是。当我在苦苦找寻能够在现今波动的市场每天都获取收入的方法时，我正是希望别人写这样一本书给我。

致　谢

　　写任何一本书都是一个团队项目。团队带给我的是无限的慷慨和支持。在此，我要感谢这本书团队的一些成员：我的妻子艾娜，睿智的她是我精神的导师；我的两个女儿娜塔莎和纳迪亚，她们为了让我能够写书牺牲了一起娱乐的时间；我 Frontline Worship 中心的朋友，他们的祈祷给予我鼓励；还有麦格劳山非常出色的主编团队，感谢他们在我逾期交稿时依旧耐心，他们在出版的每一个阶段都是如此专业。

目 录

第一部分　预备篇 ... 1
第 1 章　你的微趋势交易工作站 ... 2
第 2 章　微趋势交易的最佳市场 ... 11
第 3 章　微趋势交易成功的五步计划 ... 23
第 4 章　指令类型、止损、目标退出 ... 42

第二部分　一天微趋势系统 ... 57
第 5 章　面包—黄油系统 ... 58
第 6 章　5 分钟趋势交易系统 ... 68
第 7 章　VIX 逆转系统 ... 77
第 8 章　午餐微利系统 ... 90
第 9 章　午后逆转系统 ... 100

第三部分　多日微趋势系统 ... 117
第 10 章　隔夜交易系统 ... 118
第 11 章　布林带回调系统 ... 134

第 12 章　月转换系统 ………………………………………… 149

第四部分　附录 …………………………………………… 161

第 13 章　交易是赌博的一种形式吗? ……………………… 162

结束语 ……………………………………………………… 170

关于作者 …………………………………………………… 172

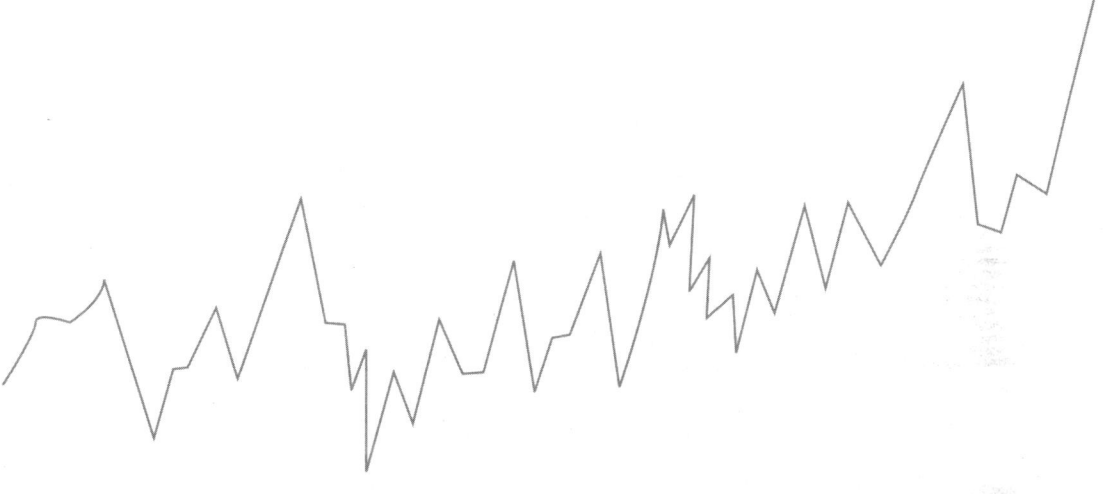

第一部分 预备篇

第1章 你的微趋势交易工作站

如果你读过我的《生存之道的趋势交易》，那么你可以跳过这一部分，不会错过什么内容。这一章大部分内容与《生存之道的趋势交易》的第一章相似。当然，这里也有一些重要的更新，以适应在微趋势交易中增加了的电脑的力量。另外，自从我的上本书出版之后，一些新的和具有极高的成本效益的服务已经面世，这些服务可以在很大程度上减少你浏览和制作时间表中的过度成本支出。这些新的服务也在本章中有所阐述。

硬件要求

为了所有交易的目的，我建议购买新型台式个人电脑或者苹果电脑。任何一个两年以上的电脑都很可能需要升级。在两个操作系统之间，对微趋势交易的交易者来说，我建议选择 Windows 系统，因为大部分短期交易所用到的高端软件都是在 Windows 平台上运行的。很多苹果迷会反对说只要安装 PC 模拟器和各种集成应用系统，你也可以在 MACBOOK 上运行 Windows 的程序。但是，实事求是地讲，这些模拟器有很多错误而且运行速度很慢。对于微趋势交易来说，运行速度要越快越好。

一般而言，在考虑新的 PC 机时，处理器的速度越快越好。一般，我建议选择 2GHz 以上的处理器。在写这本书时，AMD 的 X2 250 是中端市场最快的中央处理器,而英特尔的 Xeon X5680 是高端市场最快的。当然,内存也是一个不能忽视的因素,事实上内存要比中央处理器重要。内存足够大,你才能在同时运行交易所需的多个高需求软件程序时不会因为"过载"而死机。面对如今主要受竞争性价格支配的电脑市场,你没有理由不选择一台 4G 以上内存的电脑来完成交易。这足够保证你可以同时运行大部分交易平台,不过一些尖端的 PC 机配备 8G 的内存,这可以保证你会有个近乎完美的交易体验。毋庸置疑,这些数字会随着时间而增长,但是对内存的需求也会随着软件的复杂化而提高。

简单介绍硬盘驱动:现在市场上的大多数电脑,甚至是几年前的电脑,都绝对可以满足你交易所需要的硬盘空间。现在的硬盘驱动都是用百万兆来测量,相当于 1 000GB。1TB 的硬盘驱动足够你交易时用了。作为参考,我交易用的软件包括图表软件和经纪平台,一共只用了 3G 空间,而我的 PC 机有超过 400G 的硬盘驱动器。然而,建议你最好不要在你的交易电脑中储存图片、视频和音乐,因为这些东西会让多数 PC 机变慢。你还需要安装可靠的杀毒软件,并且每周查毒。

显示器也是你交易"军火库"里重要的硬件。尺寸很重要。原则上是越大越好。因此笔记本电脑不太合适做微趋势交易。笔记本电脑适合于在旅行中使用,由于我经常游行,因而我经常在我的 17 英寸惠普笔记本电脑上完成交易。但是打开你的交易账户工作站的尝试,你会明白要同时打开实时图形、行情软件、自选股、浏览器,充足的桌面空间是多么必要。我自己交易用的是 27 英寸的监视器,它非常适合我。你难道想用你的 iPhone 交易?算了吧!

许多专业的交易员在交易用多个显示器,但是在我这本书教的交易系统中不必用多个显示器。但是如果你用多屏显示器,你一定安装比一个显示器更多的显卡驱动。市场上有很多专门为交易员设计的多屏显示器。它们拥有 80 英寸的桌面空间,实在是太奢侈了!这种显示器价格高昂,好一点的型号售价在 5 000 美元以上,这还不包括显卡升级的费用。这本书里所讲述的交易,没有必要用多屏显示器,20 英寸或者再大一点

的屏幕就足够了。屏幕的分辨率要设置成最高。作为参考，我的显示器设置是 1920×1200 的分辨率，32 位颜色质量。

图表软件包

为了可获利地交易微趋势，你需要一个高端的图表软件包。一般来说，图表软件包的提供商会让你下载软件或直接从 CD 安装到你的计算机硬盘驱动器上。然后你需要下载或安装这个软件到你交易用的电脑和笔记本上。现在也有一些软件商基于网络浏览器直接提供了尖端图表软件。另外，像 E-Trade 和亚美利交易这样的经纪公司，也为它们积极交易客户提供实时免费的图表软件包。

你选择的软件至少要包括以下几项内容：

·所有标准的技术指标可以同时显示（一些低端的软件每次只能浏览一项指标）

·具有界面对用户友好设计控制的颜色醒目、易读的图像

·价格和指标实时更新

·实时的时间和卖出数据

·大的在查证券容量和"热门证券"特性

有一些图表软件包提供实时数据，但是需要你手动刷新屏幕。你不需要那个。也有一些软件可以自动更新，但是每隔几秒钟更新一次。你也不需要那个。你需要的是实时无缝更新。

你的图表软件包一定要能够储存至少 100 只自选股。如果你评价一体化和使用效率，软件还应该有一个界面与你的在线经纪商对接。根据界面，你在当前看到的图表上双击鼠标就可以进行交易。所有的交易管理可以直接从图表上升级。还有最后一点：你肯定不想每个月都要为这些服务花一大笔钱。

很幸运，现在的交易者可以拥有满足以上所有要求或更多的软件。对于高端软件，我推荐我用过的 eSignal 和 RealTick 两款软件，它们可以提供如此的服务。如果你从来没有使用过类似的软件，那么你需要一个

第1章 你的微趋势交易工作站

相当艰难的过程来学习这两款软件。不过他们为各个水平的用户提供在线课程和现场教学。你在进行微趋势交易时所需要的完整的软件大概每个月要支付200美元。对于那些喜欢"附属功能"的人来讲，这个价钱很划算。提醒一句：eSignal 吹嘘盘中回溯测试的功能在理论上很适合微趋势交易。但是，我进行了尝试，由于没有脚本编写技能，这个功能对我没有任何用处。它没有可以运行的现成脚本，而我实在是缺乏耐心去学习怎样写脚本。

在低端软件中，我推荐 IQ 图表。IQ 图表支持独立的软件下载，该软件提供易读的实时图表、具有幻灯片特点的在查证券、"热门证券"以及各种指标和画图工具。它还有十分不错的检索系统，尽管对于微趋势交易来讲它可能不够详细。不过这款软件图表更新比市场会有 2 到 3 秒钟的时滞，特别是你打开多个图标时。但是，每个月不到 40 美元的价格更新，无足挂齿。除非是抢帽子者（即为微小利润而快速交易），否则大可不必担心三秒的时滞。

另一个我经常使用并竭力推荐的服务是 StockCharts.com。这本书所有的图表都是通过 StockCharts.com 的易用画图界面绘制的。我个人觉得 StockCharts. 拥有最漂亮的商业图表。通过适时更新（每月大约 35 美元），你就可以得到在查证券、两个浏览引擎、实时日内数据浏览能力、大量的被压缩扫描软件、一个被称为市场地毯的功能强大的工具、K 线（方便的缩略在查证券），创造和浏览公开图表的能力以及各种最新的市场评论资源。StockCharts.com 的缺点是虽然它提供的是实时数据，但是却不能实时无缝自动更新。你可以设置图表每 15 秒更新一次，但是几分钟之后最稳健的缓存会被堵住，图表就会卡住。不过按一下"更新"键就会检索到新的、实时界面。这在微趋势交易中是不合适的图形软件包，但它的确是高端软件的一个理想的辅助软件。如果真的在乎间接成本的话，可以只用 StockCharts.com 来做本书中"隔夜"的微趋势交易。

我用 StockCharts.com 主要是进行趋势交易的需要，即每天的浏览、检索和在查证券的需要，而用免费的 E-trade 图表进行微趋势头寸的监

测。我是个精打细算的人，只要我每个月的交易次数不低于10次，我的E-trade图表就是免费的。

我喜欢StockCharts.com的功能之一是，只需点一下鼠标就可以把搜索结果放到一个在查证券表中。这些在查证券表可以通过各种不同的形式呈现出来，包括实际尺寸图，每页10个。StockCharts.comupi有两个检索界面：一个是提供给初学者的，这个界面不需要任何代码；一个则适合高级用户。后一种工具对每个指标和参数都预设了代码，你可以根据你自己的需要进行调整。这本书中所列出来的所有搜索代码都来自StockCharts的高级用户界面。我个人并不是电脑迷，所以如果我能写出搜索代码，任何人都可以！

自从2008年1月我出版了《生存之道的趋势交易》之后，两个性价比较高的服务已经被创造以服务于微趋势交易者。第一个是StockFetcher，是一个搜索和回溯测试的工具。这个新网址最大的优点是你创造并保存在在线数据库中的搜索结果在交易日可以自动更新。你知道找到一个可以搜索任何数据而不仅仅是收盘之后的数据的低价的搜索工具是很困难的。这种盘中搜索功能与我的几种微趋势交易系统十分匹配。缺陷是它的回溯测试工具，我几乎不能正常运行。我觉得这应该很容易修复，但是我还是留给其他的用户帮我修复它吧！

在StockFetcher上建立搜索有一点点棘手。它冗长的用户手册中涵盖了你所需要的大部分参数的样本脚本。但是这款软件设计得很直观，很多情况下都有多于一个编写相同参数的方法。有些时候，用词或使用符号而不是单词上小的改动都可能改变结果，即使软件认为两种版本是有效的。StockFetcher的另一个问题是它的在查证券表：如果一个搜索结果命中数超过20，一个烦人的任务就会将它们从搜索输出界面转移到在查证券栏界面。人们一次只能转换20个符号。另外，StockFetcher有一个图表观察选项，但是在观察栏中却不能使用。不过，以它最小版本每个月15美元的价格来说，缺乏稳定性是可以接受的。它的检索功能是我几种微趋势交易系统时固定的候选，事实上，盘中的数据更新对于你来说

第1章 你的微趋势交易工作站

的确值得一试。

依我的观点,进行批量交易的新软件包是最好的。Ninja Trader 是所有交易软件中真正的一站式交易软件:它的服务包括实时图表、实时检索、系统建立、系统分析和回溯测试、模拟交易、头寸管理分析等等。Ninja Trader 起源于私人期货交易员雷蒙德·德克斯的个人交易平台。2004 年它被提供给专业交易员,2007 年推出了零售版本的软件。随着零售用户的激增,越来越多的经纪商支持 Ninja Trader。Ninja Trader 中最棒的部分是:如果你正在使用这家公司的合伙经纪商之一,那么你就可以免费使用;不过你不使用这家公司的经纪商,它还是相当便宜的。你能够以起价大约每月 55 美元(将来的数据要价更高一些)从一些商家获得数据服务。

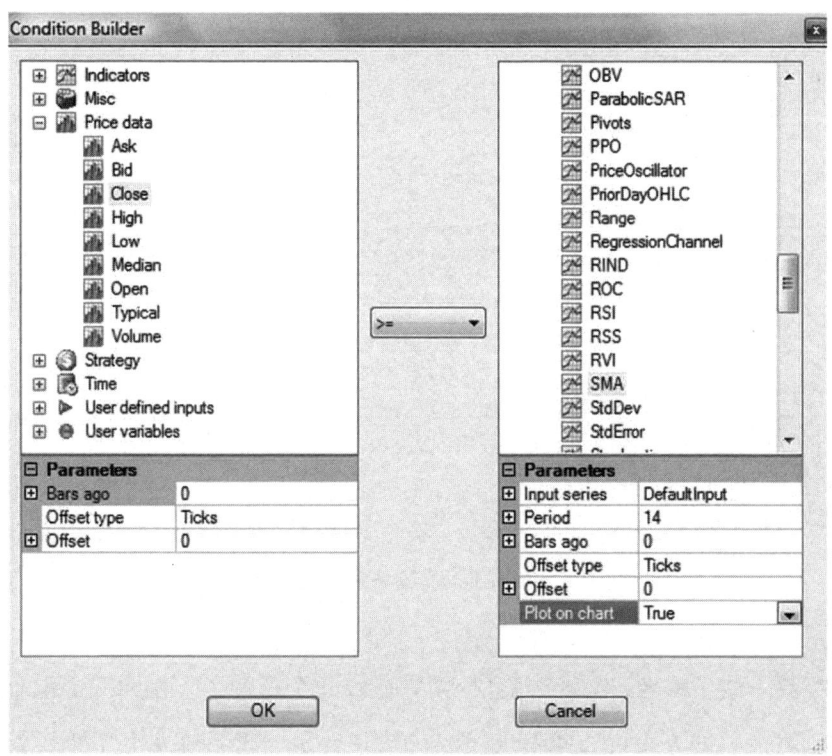

图 1.1 Ninja Trader 回溯测试界面

一旦你输入了你的策略参数,软件就会基于它们的稳健性计算统计信息。如图1.2就是一个典型的输出结果,在许多版本中都可以看到。

Performance	All Trades	Long Trades	Short Trades
Total Net Profit	$62500.00	$3750.00	$58750.00
Gross Profit	$480625.00	$203437.50	$277187.50
Gross Loss	$-418125.00	$-199687.50	$-218437.50
Commission	$0.00	$0.00	$0.00
Profit Factor	1.15	1.02	1.27
Cumulated Profit	3.44%	0.24%	3.20%
Max. Drawdown	-3.25%	-1.62%	-2.74%
Sharpe Ratio	7.14	0.20	1.91
Start Date	1/2/2007		
End Date	3/6/2007		
Total # of Trades	570	285	285
Percent Profitable	46.14%	47.72%	44.56%
# of Winning Trades	263	136	127
# of Losing Trades	307	149	158
Average Trade	0.01%	0.00%	0.01%
Average Winning Trade	0.10%	0.08%	0.12%
Average Losing Trade	-0.08%	-0.07%	-0.08%
Ratio avg. Win / avg. Loss	1.34	1.12	1.57
Max. conseq. Winners	11	11	7
Max. conseq. Losers	12	9	8
Largest Winning Trade	3.39%	0.58%	3.39%
Largest Losing Trade	-0.46%	-0.43%	-0.46%
# of Trades per Day	8.84	4.42	4.45
Avg. Time in Market	100.0 min	103.8 min	96.3 min
Avg. Bars in Trade	18.7	19.0	18.5
Profit per Month	1.60%	0.11%	1.49%
Max. Time to Recover	32.58 days	21.24 days	32.36 days
Average MAE	0.08%	0.08%	0.08%
Average MFE	0.12%	0.11%	0.13%
Average ETD	0.12%	0.11%	0.12%
Turn Around	3.50%	0.26%	3.24%

图1.2 Ninja Trader 交易系统的统计分析

我下载了 Ninja Trader 并且使用它已经几个星期了。作为一个没有脚本编写能力的人来讲,我发现回溯测试和交易分析系统有点困难,但是努力学习还是可以掌握的。一旦你学会了术语,条件构建界面(如图

第 1 章 你的微趋势交易工作站

1.1）是很直观的。Ninja 还签约了很多代码编写员，你可以支付一定的报酬，让他们获取你的交易参数并为回溯测试和搜索目的，为你编写它们的代码。

网络服务提供商和在线经纪商

现今，提到网络服务提供商（ISPs），你有许多选择。有电话拨号上网（是的，它还存在）、高速拨号上网、高速数据网络（HSDN）、数字用户线路（DSL）、卫星宽带、T-1 和有线电视电缆。我总是使用有线电视网络服务提供商的服务，再慢的速度我就不能接受了。在做日内交易的时候，数据的流畅性特别重要。很多订阅"和趋势交易做朋友"业务通信邮件的用户采用电话拨号上网做交易，还做得很好。下单并监控自己的头寸情况，电话拨号通常足够了。如果你还要自己做研究，运行市场检索，每天检查在查证券表里面的股票，那么选择某种类型的宽带服务商就可以节约大量的时间。

关于在线经纪商（OLB），我简单说一下：你需要找到优秀的、便宜的、它的输入交易方法——你的交易平台——是用户友好的经纪商。过去，我用过很多著名的在线经纪商：Datek，E*Trade、Suretrade、Scottrade、Investrade、Fidelity、Think or Swiss 和 Brown。其中一些已经停业了。他们在运行时，都提供打折优惠、容易使用的交易平台。现在我把我所有的账户都放在 E-Trade 上，由于它的网上银行服务可以很好地结合我的实体银行支票账户。如果你的账户余额大于 50 000 美元，那么 E-Trade 对于微趋势交易来说是一个很不错的平台，因为无论份额大小，它的每笔交易费用都是 9.99 美元。但是我觉得盈透证券（IB）是微趋势交易最理想的交易平台，它超低每股价格也非常适合资金不足的交易者。我觉得 IB 可靠又便宜（每 100 股的交易费用仅为 1 美元，甚至更低），另外它的账户管理系统也十分出众。但是有些人发现 IB 的交易软件 Trader Workstation——你输入交易指令的地方——比较麻烦，大多数人

发现公司客户服务能力低下。另一个推荐的选择是 MBT。他们的价格和 IB 一样,但是对数量无限大交易,他们的价格是每笔交易收 9.95 美元(对于大户或交易低价股的人来说,这个条件很吸引人)。我发现他们的交易软件 MBTNavigator——交易指令输入的地方——要比 IB 的交易软件 Trader Workstation 更加友好。另外,人工电话服务也很友好,如果这对你很重要的话。

第 2 章　微趋势交易的最佳市场

成功的微趋势交易在某种程度上取决于市场的波动。市场波动越剧烈，微趋势交易的条件越理想。这虽然不能应用于所有的微趋势交易，但是大多数情况下是对的。一般来说，波动越剧烈的市场——即在最高、最低价之间盘中摆动的幅度大——越是微趋势交易的候选市场。原因我之前提到过：美国市场的波动有可能要持续一段时间。因此，想在这个市场中获取收益的朋友快来学习微趋势交易吧！

当你看到波动指数上升

正如前面所提及的，衡量市场波动情况方法是波动指数（VIX）指标。VIX 是通过测量溢价交易者为他们未平仓的多头头寸愿意支付多少"保险"来测量预期的短期市场波动。通常当 VIX 高（>20）时，市场将会剧烈波动并/或呈下降趋势，反之当 VIX 低（<20）时，市场则十分平静且/或呈上升趋势。"当 VIX 高时入市"是长期投资者信奉的圣经。基于历史先例，这句格言当然是对的。但是高波动率也是一个绝佳温习微趋势交易系统和做一些短期投资的时间。

下图（图 2.1）是标准普尔 500 线形图（S&P500，实线）隐含的 VIX（虚线）。我们可以清楚地看到 VIX 的峰值和市场抛售是契合的，反之亦然。

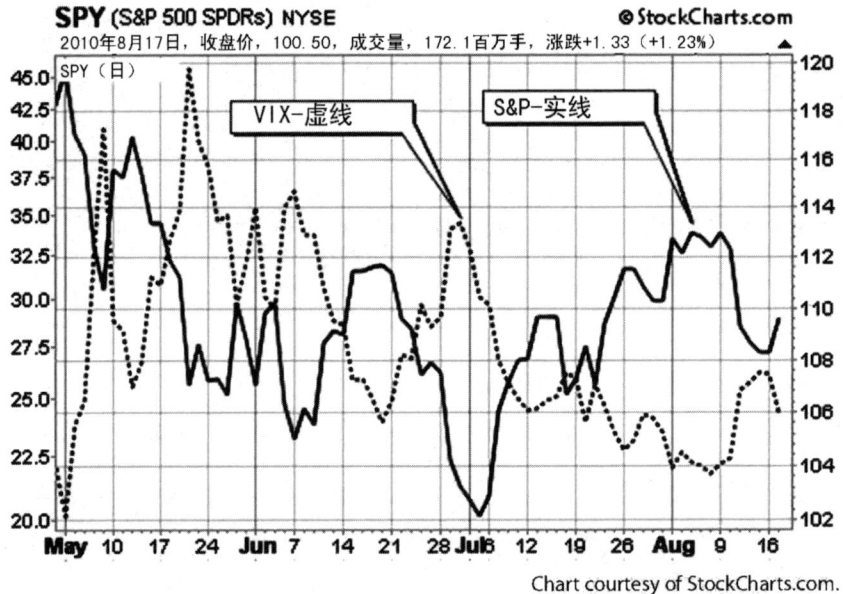

图 2.1 叠加 VIX 的 S&P500

我喜欢做的事情是将一个 10 期的 VIX 简单移动平均线附加在标准普尔价格图上，标出 VIX 的趋势和轴心点。下降的 VIX 趋势意味着市场倾向于牛市，适合于波动/头寸交易者。此时市场价格行为可以被描述为：低成交量、小的交易区域，具有平静上升趋势并伴随温和的获利回吐。反之，上升的 VIX 则意味着完全不同类型的市场，市场倾向于熊市，适合于微趋势交易者。这时市场价格行为可描述为：高成交量、大量抛售，并偶尔会出现"轧空"触底反弹的强力推动。图 2.2 就是一个这样的例子。在图中，黑色的箭头就是熊市和牛市时 VIX 和标准普尔指数交错的轴心点。可以看到这个简单的叠加捕获了主要的市场变动。

第 2 章　微趋势交易的最佳市场

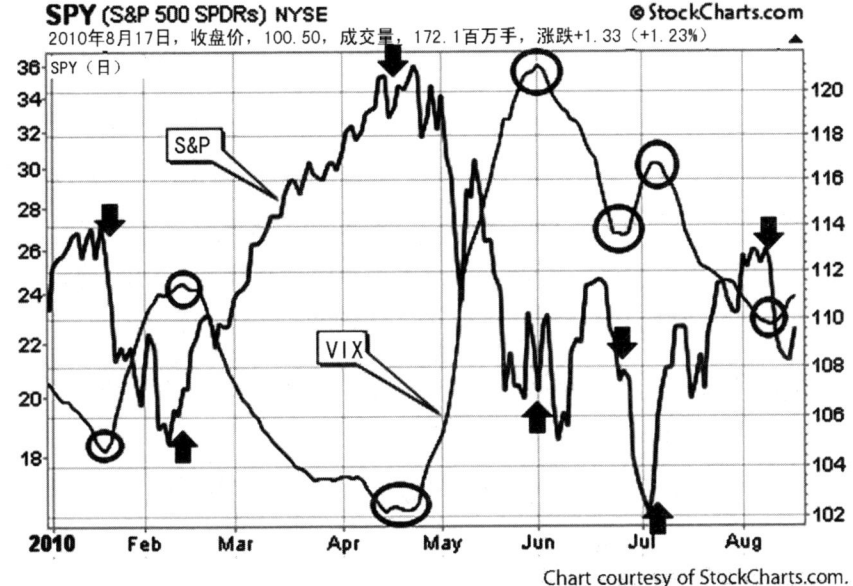

图 2.2 叠加于 S&P500 上的 VIX 趋势

尽管引起价格宽幅上下变动的波动市场是微趋势交易的理想市场，但是我们同样可以在平静的市场中找到微趋势交易的机会。这本书所讲的交易系统，有几个已经被证明在所有的市场中都可以获利。不过，知道一般市场是向上还是向下波动很重要。波动意味着不确定，因而不可预测。预测市场下个月、下个星期甚至明天收盘在哪里的能力与市场波动反向运行。因此，市场波动越剧烈，交易的时间范围（即，每个头寸的持有时间）越短。基于上述内容，我要说一句新的 VIX 名言："当你看到 VIX 上升时，就是进行微趋势交易的时候。"

所有宫殿的国王 β

一般来说，微趋势交易的最佳市场有三个来源：波动的股票、杠杆 ETFs（交易型开放式指数基金）、出现在我们系统检索之一中的股票。这并不意味着只能做股票和 ETFs 的微趋势交易。那些不过是我最熟悉和在这里作为例子的市场。说到底，只要能画成一张图，那就是一张图。这就是说，如果一个市场可以盘中数据绘制成一张图，并且有足够的流动性以展示连续的盘中价格模式，那么它就适合下面列举的任何一种微趋势交易系统。除了我的日历效应系统之外，我这里所教的微趋势交易系统可以应用于迷你型期货市场、货币市场以及其他期货合约市场。一些读者还想知道期权是否可以？期权没有足够的流动性以满足我们的方法要求，当然，他们可以用作符合方法要求的股票和期货的杠杆交易。

根据那种说法，现在让我们来看一下如何找到现行交易中波动最大的股票。如果说 VIX 是一般市场波动性最好的标志，那么 β 就是单个股票波动最好的指针。β 是通过将个股对整个市场做回归分析计算得来的，一般用标普 500 代替整个市场。记市场（S&P）的 β 为 1.0。如果一只股票的 β 值小于 1，表明这个股票预期波动小于一般市场。如果一只股票的 β 值大于 1，则说明其预期波动大于一般市场。记住，我说的是"预期"。β 表示的是一个基于回溯算法的前瞻性期望。与 VIX 不同的是，β 是基于过去的价格行为。那么高 β 的股票就有可能会在一个平静的、很窄的范围交易，而低 β 的股票也可能突然出现一连串极端的价格。不过总的来说，β 还是我们判断一只股票期望波动大于还是小于整体市场波动的一个很好的感觉。

总体而言，适用于大多数微趋势交易系统的最佳股票有以下三个共同的特点：

·交易量大

·交易价格高

·β 值高

当你建立适合微趋势交易的股票在查清单时，你首先去除成交量小、价格低，而且波动不是很大的股票。这时，你需要使用检索工具。幸运的是，这里有几个免费的网站能够让你找到满足我说的三个参数的微趋势最佳股票。你可以在下面两个网站找到免费的检索工具：

·Yahoo! Finance：http//screener.finance.yahoo.com/newscreener.html

- Finviz.com：http：//finviz.com/screener.ashx

这两个相比，Finviz.com 更好一些，虽然 Yahoo！的检索量更大一些（使用 Java 版本，而不是 Basic 版本），但是它需要下载才能起作用，而且它的结果不能定制。Finviz.com 允许用户直接在线检索，保存屏幕以便以后使用，将结果保存到观察栏里，另外还可以定制观察栏图，包括显示真实波动幅度均值（ATR），最近的缺口大小和方便分析的缩略图。

搜索参数本身很简单。它们如下：美国股票的屏幕显示：

- β>2.0
- 价格>20 美元
- 平均交易量>100 万美元

还要说一句，两个检索工具的检索结果并不是完全一致。例如，我在 2010 年 5 月底的一个非交易日运行两个检索工具，Yahoo！检索出 72 只股票，而 Finviz.com 只检索出 61 只股票。这可能因为两个检索工具计算平均交易量（在 x 天）是不同的，并且 β 的计算方法也稍有不同。事实上，最大的问题是他们检索出来的前 10 名的股票也不一致，表 2.1 和 2.2 是两个检索结果的比较（运行时间是 2010 年 5 月）。

表 2.1 来源于 Yahoo！Finance 的高 β 股票

Yahoo	股票代号	β 值	价格	成交量
1	DTG	5.11	22.90	5 307 473
2	LVS	4.67	21.00	59 180 344
3	AIG	4.35	45.61	1 530 002
4	TRW	4.09	41.70	7 894 830
5	TCK	3.98	35.96	10 094 453

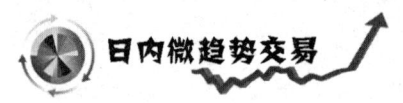

表2.2 来源于Finviz.com的高β股票

Finviz	股票代号	β值	价格	成交量
1	HGSI	5.21	22.90	5 307 473
2	LVS	4.45	21.00	59 180 344
3	DTG	4.38	45.61	1 530 002
4	DNDN	4.18	41.70	7 894 830
5	AIG	3.97	35.96	10 094 453

注意，在两个集合中的前5名股票只有3只是重合的：DTG、LVS和AIG。另外，不知道为什么Yahoo!给出的β值比Finviz给出的高出40个基准点。最令人困惑的是在Finviz排名第一和第四的股票HGSI和DNDN没有出现在Yahoo!高β值的前5名里。实际上，尽管Yahoo! Finance的"关键统计"页中给出HGSI和DNDN的β比率分别为5.62和4.54，但它们甚至没有出现在72个检索结果里。看起来似乎Yahoo!检索在高β值检索方面产生了更多的"点击"，但它剔除了所有的生物科技公司——而HGSI和DNDN都是生物科技股——这是重大的漏洞，由于生物科技公司的股票是在波动率最大的股票之列，而这恰恰又是做大微趋势交易的载体。

无论怎样，两个检索工具都可以检索且结果列表都可以为微趋势交易提供高流动性、高交易价格和高波动率的候选投资组合。再次强调，波动率并不是理想的微趋势交易市场的唯一因素。但是如果你从高波动率的股票下手，它将适合于几种微趋势交易系统。

新的交易型开放式指数基金（ETFs）

自从《生存之道的趋势交易》出版之后，ETFs的一个全新领域出现

第 2 章　微趋势交易的最佳市场

了，那就是很多 ETFs 可以成为微趋势交易的出色的候选者。ETFs 一般是围绕指数或者行业组合所得的一篮子股票。它们在美国交易所交易时更像是独立的股票。第一只 EFTs 是 1993 年创设的标准普尔存托凭证（SPDR 或"蜘蛛"），其在美国证券交易所（Amex）上市交易，股票代号为 SPY，SPDR 很快获得了巨大的商业成功。由于 SPDR 的价格趋势是以标普 500 指数标记的，所以个人投资者在美交所只买一只股票就可以投资于 500 只大盘股的每一只股票。自从 ETF 出现之后，这些中的许多成为交易所交易量最大的证券。现在共计有 750 只 EFTs 活跃在交易市场，总市值达 7000 亿美元。EFTs 涵盖了外国指数、货币交易、商业、债券、国债，甚至包括像保护的看涨期权和套利那样的交易策略。许多 ETFs 对于微趋势交易来说都过于小，但是大量的 ETFs 都有很高的流动性和波动率。

现在 ETF 板块中最新的进展是反向 ETF 和超 ETF 的出现，它们都是在 2007 年末出现的。反向 ETF 是一种做空标的指数的 ETF。因此，比如，你想做多道琼斯工业平均数（DJIA），你应该入市钻石 ETF（代码为 DIA）。但是如果你看跌 DJIA，你可以入市 ProShare Short Dow 30 基金（DOG），这是一只做空 DJIA 的 EFT，如果道琼斯指数下跌 5%，那么 DOG 上涨 5%（1∶1 的比例关系在理论上要好于实践，且它总是很接近）。同样，如果你看跌标准普尔 500，你可以做空标准普尔存托凭证（SPY），或者干脆入市 ProShare Short S&P 500 基金（SH）（标准普尔 500 的 1∶1 反向 ETF）。

超 ETF 是一种杠杆 ETF。到目前为止，杠杆有两种：2 倍（2x）和 3 倍（3x）。2x 杠杆超 ETF 将以标的指数或行业指数 2 倍的比例变动，而 3x 杠杆超 ETF 将以 3 倍的比例变动。换句话讲，如果给定的指数在收盘时上涨大约 2%，那么它的 2x 杠杆超 ETF 会上涨大约 4%，3x 杠杆超 ETF 会上涨大约 6%。风险确实使大家很困惑，现在还有 2 倍和 3 倍的反向 ETFs。这些 EFTs 当标的指数下降时，它们将上升标的指数变动值的 2 倍或者 3 倍。反之亦然。

例如，如果你看涨美国大盘股，那么你现在至少有三个 ETFs 的头寸

选择。你可以：

·作为无杠杆多头入市 SPY（S&P500）

·作为 2 倍杠杆多头入市 ProShare Ultra S&P 500（SSO）（S&P500）

·作为三倍杠杆的多头入市 Direxion Large Cap Bull 3xShare（BGU）（大盘）

相反，如果你看跌美国大盘股，那么你也有三个 ETFs 的选择。你可以：

·作为无杠杆空头入市 SH（S&P500）

·作为 2 倍杠杆空头入市 ProShare Ultra Short S&P 500（SDS）（S&P500）

·作为 3 倍杠杆空头入市 Direxion Large Cap Bear 3×Share（BGZ）（大盘）

下面两张图（图 2.3 和 2.4）演示了新的 ETFs 杠杆和反向操作的性质。你可以看到，当标准普尔 500 的超 ETFs 价格变动与其标的指数（被表示为 SPY）本身密切相关时，它们之间的杠杆比率不是精确地等于期望 1：2：3 的比率。但其接近于期望比率。

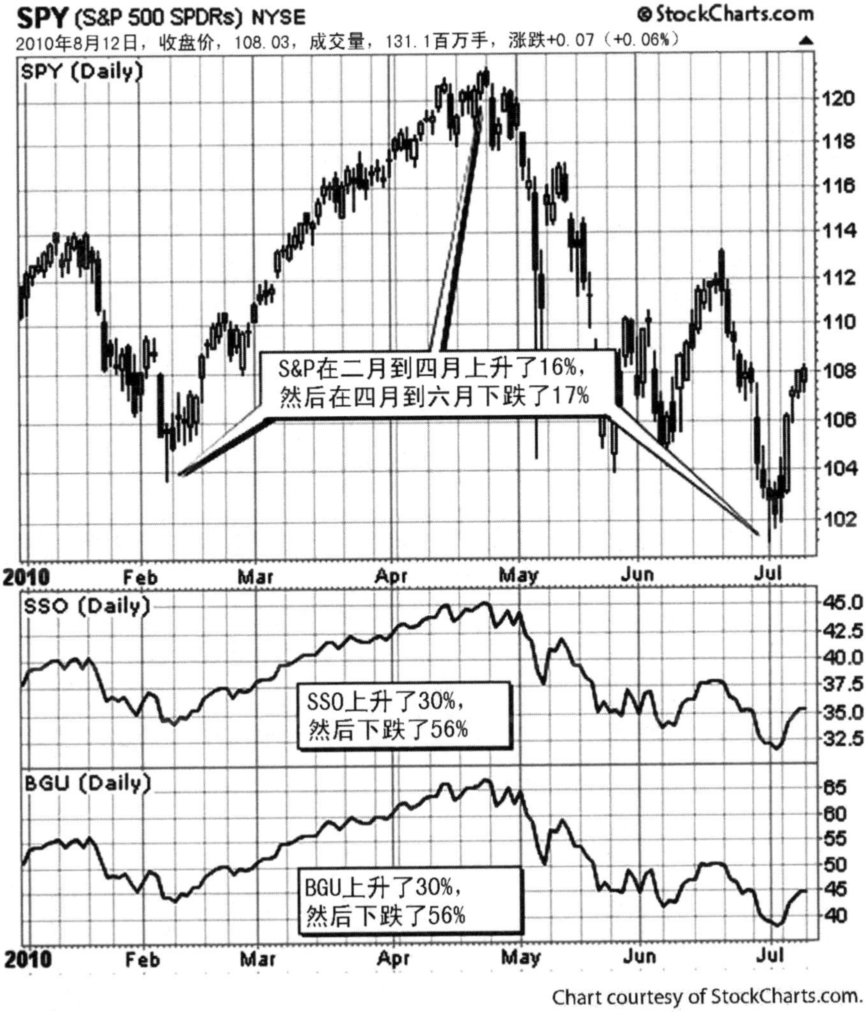

第 2 章 微趋势交易的最佳市场

图 2.3 大盘股的 2 倍和 3 倍超多头 ETF

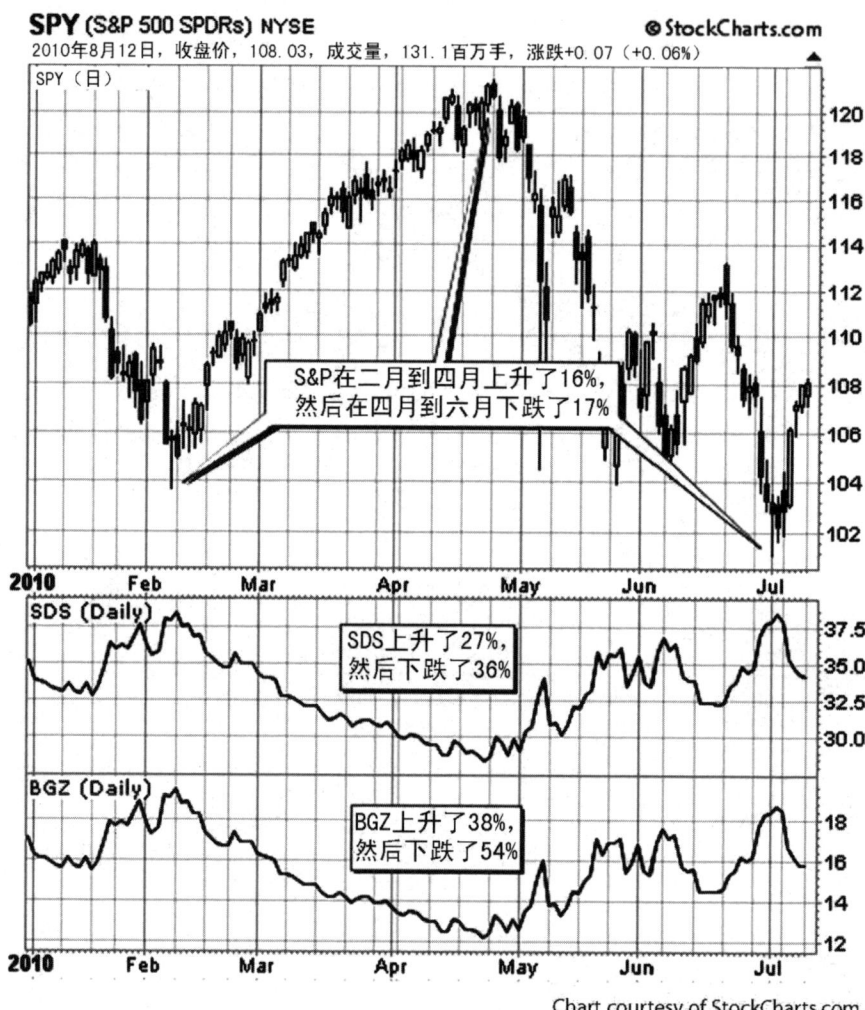

图2.4 大盘股的2倍和3倍超空头ETF

现在大多数的主要指数和行业指数都有2倍和3倍杠杆的多头和反向ETFs：DJIA、S&P、纳斯达克、财经、中国、债券、金砖四国综合、原油、黄金、小盘股、欧元、金属、玛瑙、消费品、保健、制药，而且名录还在继续扩展。虽然ETFs未来的方向还不确定，但是商业上的成功会让它们存在很长时间。在不久的将来，我们可能会看到基于基础选股者（例如：巴菲特和美林ETF）或者机械技术系统（如牛市和熊市趋势ETFs）的5倍

第 2 章　微趋势交易的最佳市场

甚至 10 倍杠杆的 ETFs。

为微趋势交易的目的，你可以选择杠杆 ETFs 的新领域，使用我的方法以获利。我将在后面说明反向超 ETFs 存在的三个问题，这使得它们在一些市场环境中很麻烦。不过，最重要的，对我们的目的而言，它们是很棒的交易媒介。

检索微趋势交易的候选股票

合适微趋势工具的第三个资源是使用一个或者多个自动检索工具，特别是其结构符合我所讲的方案和方法的检索工具之一。下面我教大家多头和空头的交易机制，这些都可以很容易编写成我第一章建议的检索工具。我读过太多交易类的书，这些书只向你展示了一个好看的方案例子，但是并没有写你自己怎么才能进行这样的方案。我这里告诉你，检索信息将不会再困扰你。如果你通览过你在查证券表中的股票和 ETFs，而并没有发现值得交易的，那么轻点一下鼠标就会出现一些可行的微趋势候选股票。

一旦这些检索结果形成并储存在你用的任何检索工具里，你可以在交易日以新的机制运行它们。你可以在开盘之后不久运行它们，在你午休时抓住一些稍纵即逝的机会，或者在东部时间（EST）下午 2：30 捕获反转或者突破机会。我发现运行一个可以获利的程序要好过死盯着方案的图表。由于程序是自动的过程，它减少了容易出错的人为因素。有时候，当盯着图表看时，总会看到一些图表并没有显示的东西。一厢情愿的想法会在大脑中留下一个机制，而这并不存在于图表中。但是检索能绕过这个认知步骤。

微趋势交易的前景

当《生存之道的趋势交易》出版时，我收到了很多关于微趋势交易前景的读者电邮。其中最多的问题是："生存之道的趋势交易方法可以用于期货合约交易吗？"我的回答是肯定的。只要有足够的交易量和价格变动

以及比较小的隔夜缺口，那么所描绘的任何市场都是我这本书所描绘的技术交易方法的主要候选者。

虽然我擅长股票和股票期权的交易（后者不适合大多数的微趋势交易系统），但是这本书中所描述的方法都可以应用于期货合约。事实上，我在这本书里所讲的最后一个系统（第12章）在标准普尔500的电子迷你期货合约（ES）中运行得最好。然而，微趋势交易系统的期货应用，不像在《生存之道的趋势交易》中发现的长期交易方法那么直接。主要原因是日内交易所需要的交易量和价格变动要高于波段交易。如果你想做期货合约交易，那么你要关注在交易日交易量最大且价格变动连续的合约。有些合约有时候几小时的走势十分平稳。另一些合约会对海外交易很敏感，且会因为夜间交易出现大的价格缺口。使这些干扰因素最小化后，最好的候选电子迷你期货合约是以美国大盘股票指数为标的合约——标准普尔50（ES），纳斯达克100（NQ），DJIA（YM），罗素2000（TF）。这四个重要的电子迷你期货合约有很好的流动性，而且与日内图表模式相一致。在这些商品中，石油、天然气和黄金是最适合微趋势交易的。美元货币也是相当不错的候选，因为它们在全天候交易中维持了流动性，它们适合于失眠的人以及不能在美国市场时间交易的人。然而，它们对大的夜间变动很敏感的事实，几乎不可能应用于我的多日交易系统。

下一步

如果你按照这本书说的做到了这点，那么你就知道了什么样的电脑适合微趋势交易，你需要什么样的网络连接，谁才是最好的折扣经纪商，你画图和检索所用的最好的网上交易资源和软件资源是什么以及哪种股票是微趋势交易最好的载体。毕竟，你可能认为你可以直接进入本书的第二部分，开始你微趋势交易的新的冒险了。请不要这么做。请抑制住跳过下一章的冲动。也许这是本书中最重要的一章。

第3章　微趋势交易成功的五步计划

请不要跳过这一章，因为我觉得这是本书最重要的一章。你在接下来的章节中将学到并记住所有的微趋势交易系统和机制，但是如果你没有一个周详的交易计划，就很难从你之前有经验的交易者那里有所收获。在交易中，衡量交易失败的标准不是你损失了多少钱，而是你有多少钱处于风险中。换句话说，有没有计划，你都可能会遭受损失——只是多少的问题。但是，如果没有计划去管理风险，你有可能损失很大以至于最后被迫完全退出交易。

我不希望你失败或者退出。我早期的读者知道我也有过几次交易失败，在我没有开始持续赚钱之前，每次也只能退出。我十分清楚，随着市场上的亏损，朋友和家人的否定、揪紧的胃、发汗的手以及忐忑的心跳都会接踵而至。我不想要任何人去经历这些。这就是为什么要你做出我在这里提到的计划，仔细到每一步。我提议的计划都是关于管理风险和管理收益的。如果你可以把这两件事情做好，你将会成为一个出色的交易者。

你不必失败。你能取得交易成功！你可以生活在你看得见的梦里，梦里都是关于你接下来的交易研讨会和股票实时通讯的网站和邮件广告。你可以大大提高你的现在收入，或者完全靠交易生活。你的故事将会被刊登在流行的杂志和著名的报纸上，就像我几年前一样。设想一下，你舒服地待在家里或是咖啡厅、公园、海滩或是到处闲逛，你只需要每天坐在屏幕

前几个小时轻点几下鼠标就可以赚到钱,很多的钱。但是,如果想看到这些梦实现,你需要一个计划。

即使有一个适当的计划,你也可能会经历一个相对失败的时期。坦白地说:在这个生意中是没有担保的!你的金融证券风险是真实存在的。甚至,对你的情感和相对健康都有风险,其必须被认识到并被解释。不过如果你实行我的计划并持续下去,所有的风险可以被降到最小,甚至在某种程度上可以完全避免。在这一章中我会把这个计划教给你。无论发生什么,你现在都要下定决心坚持这个计划。

记住,计划不是方法。计划也不是机制。计划甚至不是交易专家的股票选择。然而,计划是你将要去做的事情,以确保你在选择方法、方案、参数以及股票时,能够让你的风险达到最小,潜在收益最大。另外当你的资金出现问题时,你的生理、心理和精神健康都不会受影响。计划完全是现实。梦想家往往都会破产。现实主义者才能迎来下一个交易日。

聪明的 10%

如果你还在读这一章,证明你十分明智。你就是能够靠交易过上幸福生活的那 10%的交易者。这本书的大部分读者都跳过这一章,认为这部分没有必要,然后马上进入交易系统的部分。他们太着急了。他们迫不及待地想要得到每天通过做市商数十亿的交易资金中他们的那一份。但是他们中的大多数会失败。

我太了解这个过程了。Joe Six-pack 将在市场上使用我的方法。Joe 开始会比较慢,接着在获得最初的几笔收益后加重了筹码。在持续获得了一些收益后,他变得极度自信。他开始想象他可以用他的新财富买下所有的东西。他拿出计算器计算如果他将收益再投入可以获得多大一笔钱。他开始考虑使用杠杆,并且想着怎样才能把更多的钱放到他的账户中。他在 eBay 上高价竞拍了一把他想了很久的电吉他。

接着 Joe 遭受了一连串的损失。亏损的第一天,他认为出现了异常。

第 3 章 微趋势交易成功的五步计划

仅亏损了很小,他重新计算了一下复利收益,把预期的退休时间延迟了几年,马上决定明天满仓出战。但是接下来的事情并没有按照预想的那样进行,距离收盘还有一个小时的时候,他发现自己深深地陷了进去。Joe 想了一下,如果他可以把即日交易持有过夜,开盘价格缺口就应该抹去他大部分的损失,那么他就可以从创伤处重新开始。唉!第二天是个灾难。美联储在开盘前意外地提高了基准利率,市场遭遇浩劫。在交易的前 5 分钟,他陷入了深深的焦虑,由于害怕损失扩大,他拉开了退场的扳机。然后他自卑地看着他所有的头寸上涨过了缺口,而且还在持续。他懊恼地翻倍入市一个超反向 ETFs,期待着 10:30 补了开盘缺口的逆转。但是逆转终究还是没有发生。牛市行情一直到收盘,Joe 卖掉了所有的证券,很不舒服地结束了这一天。

Joe 接下来的反应说明了有一个计划是多么必要。他开始反思:"我在卡尔书中学的交易方法只是在这个市场上不起作用。也许我稍微调整一下,它们就可以更好地运行。" Joe 是一个有创新精神的人,他喜欢摆弄一些回溯测试的软件。所以,他输入了我的参数,但是更改了这里的移动平均、那里的随机指标设置,增加了一些普通机制中没有的其他条件。回溯测试的稳健性结果印证了他的想法。所以,现在他重燃希望,回到交易市场。命运的循环再次上演。开始很成功,他变得自信,加大了他的风险暴露,然后因为风险增加和惊慌失措的交易决定使得他又一次在市场下跌中遭受重创。

我就是那个 Joe Six-pack,过去几年我指导的许多也是 Joe Six-pack。他们的交易系统并没有什么问题。他们所需要的是一个交易计划。这也是你所需要的。在这本书中你有一个获胜的系统。但是如果没有一个严格遵循的计划,那么获胜的潜力将不会起作用。所以请你现在把这五步计划应用到实践中去。我不能保证你成功。但是我几乎可以保证如果你不实施这必要的五步计划就一定会失败。

五步交易计划

这个五步交易计划是我 14 年亲身经验和 8 年投资指导和顾问的产物。我知道什么有效什么无效。我也知道我的那些以交易为生的客户和其他交易者的区别。我希望每个人都可以读一下这本书，至少是那些选择以交易为生的人。说到这，你需要把下面的计划付诸实践。

1. **决定你将对谁负责**

这也许是计划实行中最难的部分。交易者往往天生就不合群。这也是他们首先被交易吸引的一个原因。他们不喜欢给除了自己以外的任何人工作。他们喜欢交易给他们带来的独立和隐世。但是让我用我的个人经验告诉你：任何"秘密"做的事情很有可能变成强迫症或者成瘾。当交易变成一种强迫时，它会损害健康。如果成瘾，则是毁灭性的。避免这些事情发生的方法就是不让你所做的事情成为秘密。毕竟，如果你某件事情做得很好，为什么不和其他人分享呢？当然我也相信采取措施改进你的金融证券和期货是件好事。

第一步措施：寻找一个责任伙伴。你应该去找一个你信任的、有益于你的人生并且与他或她分享你所做事情的人。你要定期与这个人保持联系，他或她与你，以便提供事情详细进展。另外，这个人一定要能给你客观的反馈意见，而你需要乐于接受并响应这些反馈，哪怕是批评。

如果你不知道第一次应该与你责任伙伴说什么，让我来告诉你。按照下面的话说：

你好，我刚刚读到这本交易方面很酷的书，想要试验一下里面说的交易系统。你有兴趣一起来吗？如果可以，你愿意我定期与你联系吗？我只是想让你知道我是怎么做的，和你分享一下什么有效什么无效。我觉得这可以帮助我集中注意力。我也十分愿意听你对这些有什么看法。你觉得如何？

决定由谁来倾听你的交易过程很简单。如果你结婚了，毫无疑问，你一定要告诉你的配偶。背着你的配偶做交易只会带来冲突，甚至更糟。所以千万不要这么做。如果你还没有结婚，你可以选择和你最亲密的人分享你正在做的事情。这个人可能是父母，也可能只是个孩子，兄弟姐妹，可能是你最好的朋友或同事。你也可以选择和你的理财顾问分享这些。记住，你的成功也许意味着他们把你当作顾客是失败的。然而，可能的事情是他或她对你所做的事情很有兴趣，甚至想学一二。

2. 确定你的起始资金，为账户注资

当你有了责任伙伴后，你需要决定你的起始资金是多少。起始资金就是你准备用于交易的资金总额。你将单独将这些资金放入一个账户，作为你微趋势交易的专有资金。不要用你的长期投资账户做微趋势交易。也不要使用储蓄账户做微趋势交易。第二步计划，你的任务就是在一个资深折扣券商那里开一个新账户，然后在这个账户中存入只用于微趋势交易的资金。

决定你的起始资金可以分成两个步骤。首先你要决定自己愿意损失多少钱。这似乎有点违反直觉，但是真的有效。在这个新的交易试验中决定愿意损失多少钱，为你承担的下跌设定了严格的底线。如果通过交易你撞击到"认输"的数字，你就可以很潇洒地认输；即，你可以退出交易，去寻找其他的爱好。只要你在这个底线之上，你就可以继续。你所有交易成功的梦想和希望都还在。

请和你的责任伙伴一起决定你的最大损失额。如果你已经结婚，你就更需要与你的配偶一起设定这个数字。当交易不顺利的时候，如果他们知道有一个商定好的退出点，那么你的配偶会对你做的事情感到更加安心。这个冒险资金数可以作为你和你合作伙伴之间的一份合同。你每一次查账的时候，都应该准确地告诉你的合作搭档，相对于这个数字你的账户的情况。如果你不幸跌到了这个数字，你就应该收手。

那么到底你在学习微趋势交易时能够承受的损失是多少呢？作为一般标准，你可以用计算方法决定你的最大冒险资金数额：

（每月的税前收入—每月的固定支出）×2

如果你每个月收入为3 000美元，而你每个月需要750美元支付房租，250美元支付医疗保险，150美元要花在你的车上，75美元偿付学生贷款，50美元支付汽车保险，75美元偿付信用卡，另外，你还要每月给你的教会捐300美元，那么你的风险资金额为2 700美元（1 350美元×2）。

如果你每个月收入20 000美元，但如果你每月要支付10 000美元的抵押贷款，偿还雷克萨斯和奔驰1 650美元的汽车贷款，赡养费和养育小孩要花3 700美元，1 000美元要付给你的度假公寓物业，乡村俱乐部要支付550美元，1 750美元的法律诉讼债务支付，那么你的风险资金也是只有2 700美元。

无论数额多少，都必须把这个数字确定下来，如果你完全损失了它，也不会影响你偿还账单、债务和其他金融证券的能力。换句话说，即使你输掉了这些钱，也不用改变你现在的生活方式。与你的责任伙伴一起决定的风险资金额是第二步计划的第一小步。第二小步是将你的冒险资金乘以3。这个数字就是你应该存入你账户的金额。例如，如果你和你配偶愿意在这项新的冒险中损失5 000美元，那么你就往你的账户中存入15 000美元；如果你觉得损失50 000美元也没有什么大的影响，那么你就往你的账户中存入150 000美元。

千万不要改变这个3∶1的比例（三份交易资金比一份风险资金）。如果你在学习微趋势交易中可以承受的最大损失额是2 000美元，而不会觉得遇到财务挫折，但是你在交易的现金账户中存了10 000美元。把10 000美金都投入到交易账户中是个致命的诱惑，相信你能够在损失到达2 000美元的临界点时可以果断退出，但是大多数的人缺乏这个自觉性。相比把10 000美元全部投入刺激的微趋势交易中而言，将其中4 000美元放在货币市场基金对你更有利。到一定时间会让你追加资金，但不是在你交易事业刚刚起步的时候。相反，如果你的财务状况允许你有10 000美元的风险资金，但是你打算用15 000美元进行交易，那么你要么把你的风险资金降

第 3 章　微趋势交易成功的五步计划

低到5 000美元，要么等到你有足够的钱可以在你的账户存入30 000美元。

一旦你已经决定你的起始资金，你就必须在账户中存入资金。还需要说明的是，在你开始交易之前，你应该建立两个应急现金账户——一个1 000美金的快捷支票账户以应对日常问题，一个至少是你每月税前收入的两倍的有息账户以应对大的问题。如果你没办法建立这两个账户，那你现在可以把这本书放到一边，然后从现在起开始存钱直到到达这个要求再说。这两个账户在任何情况下也不能用于你的微趋势交易中。

如果你发现你自己没有任何合适的银行储蓄开始交易的话——无论如何，在这个经济社会中你不是唯一这样的人——你和你的家人应该实行增资减贷计划。我推荐你两个办法，都是在我深陷债务危机且几乎没有储蓄时对我有帮助的办法。我建议你注册于美国冠冕财务管理公司（crown.org）或者戴夫拉姆齐金融和平大学（daveramsey.com）。两个计划都会为你提供可靠的指导，以增加你的收入和储蓄，减少你的债务。

如果你预留了我建议的足够的应急存款，那么你就可以把超出的部分分配给微趋势交易。有人发现，特别是在现在这样的经济形势下，预留了应急存款之后，就没有多少钱可以用做交易了。因此将钱存入你的交易账户可能是一种创造性智慧的应用。我有些客户就把他们的阁楼打扫出来，放到eBay上拍卖，筹集资金用于交易。有一些靠编写技能手册（例如，如何从事园艺、滑板、烧烤，以及如何写手册），并在网上销售以筹集资金。有些转换他们的租金或特许权进入他们的交易账户。有些增加工作时间，有些开网店，有些则干脆削减几个月的花费或者存款。我在《生存之道的趋势交易》中提到过，我是靠暑假代课的收入投资最开始的两个账户的。

有很多有趣而且有创造性的方法来积存你的交易账户。但是向别人借钱是绝对不可取的。著名的期货交易家马克·库克曾经抵押父母的农场存入交易账户。结果他很快出现了500 000美元的资金洞。然后他花了很多年去偿还贷款。也许用你的信用卡透支来进行交易投资很诱惑，但是你千

万不要这么做。想都不要想。

3. 确定一个可行的收入和投资回报率（ROI）目标

当你已经有了责任伙伴，用你的交易资金开设了交易账户，确定了退出的风险底线之后，进行你微趋势交易的下一步就是要确立通过微趋势交易达到的一个非常实际的收入和投资回报率的目标。下面所列的数字是判断你进展情况的基准。

我简单讲一下税收、佣金和方法多样化，这三项会影响你的净收入和投资回报率（ROI）。首先，我这本书里（并且，的确，在《生存之道的趋势交易》中）所列的所有交易方法带来的投资收入都要缴纳短期收入所得税，这必须记录在你的税收安排中。因为联邦政府不鼓励交易而鼓励投资，所以短期资本利得税要高于长期资本利得税。我建议当你在微趋势交易中持续获得收益时，不妨坐下来和税收规划师谈一下，看有没有什么办法通过减税政策规避一些美国税务局（IRS）鼓励的收入的税收（比如通过慈善捐赠，IRA投资，建立一个基金等）。

另外，为了阻止短期投资，美国国会现在正在考虑，这本书出版时可能已经通过了，增加交易佣金成本的法案。可能很快所有的交易佣金收入要增加0.25%的税收，当然，这项税收肯定会转嫁给散户。如果你用的是按交易股数收费的折扣代理商，比如 Interactive 经纪商或者 MB Trading，那么你每100股的交易要支付0.5美分，依据交易的活跃程度和头寸规模，你每个月要额外支付2到20美元。这听起来好像不是很多，但是账户资金比较少的交易者刚开始每个月的净收入也只有50美元。这项新的税收会减少他们40%的收入！如果你使用的是按交易比数收费的代理商，例如，E＊Trade,Fidelity 或 Schwab，那么这项新税收将减少你一大块实际收入：每笔交易要支付2.5美分，或每个月要支付50到500美元。现在还不必着急，但是一旦真的要征收这项新税时，你一定要采取措施使成本最小化。

第三个论题是系统多样化。我在这本书中一共教给大家8个不同的交易系统，它们可以分为两大类：一日交易和多日交易。最理想的情况是你

第3章 微趋势交易成功的五步计划

可以每个月都能使用所有的系统，在每个星期甚至每一天都能使用大部分系统。这就是我所谓的系统多样化。你可以通过把资金分散在若干个系统中来降低季节性系统失败带来的不可避免的风险。你有能力做到这个，然而，你的收入和投资回报率影响因素就取决于以下两个因素：你有多少时间去交易和在你的交易账户中有多少钱。业余交易者也许因为时间的限制不能同时使用这8个系统且可能不准许用这些方法同时交易。而全职交易者则可以实现最高的收入和投资回报率（ROI）。

至于你的交易账户规模，分水岭是25 000美元。因为证券交易委员会（SEC）在2001年通过的规定指出，账户规模小于25 000美元的交易者，在任意的5个交易日内不能平仓超过3天的交易。如果第4天被平仓，那么你的账户会被冻结，直到没有多于3天交易已经平仓的5个交易日过去。这就意味着小额账户的交易者只能在我的3个多日交易方法上持续交易，这当然会影响收入和投资回报率（ROI）。

让我们回到制订合理的收入和回报率上来。我根据三个主要的输入确定了这些指标：我在做微趋势交易系统时的回溯测试结果，我的客户在用这些系统交易时的结果以及我自己用这些系统交易时的交易结果。在三个数据中，第一个结果明显过于乐观。尽管它们有它们的地位，但回溯测试的结果——根据我下面刻画的原因——代表的是一个不可能实现的理想状况。我并不是只依赖于回溯测试的人。在你的系统开发阶段，它们让你知道你处在一个正确的轨道上。然而，它们并不能预测真实的结果，因为很多变化是回溯测试无法计算的。

第二个输入是我客户的交易结果，它是比较真实的，在你最初的几个月或者几年的微趋势交易中应该可以获得。如果你是一个交易新手，那么你在获得持续的结果之前还需要一个很长的学习阶段。如果你是一个有经验的长线交易者，那么你要花一些时间去适应短线持有，你要改变你耐心等待交易展开这一根深蒂固的习惯。即便你是个经验丰富的短线交易者，你也需要时间去学习一些新的系统。我和足够多的以上三种交易者都有过

接触，所以知道在没有丰富的经验之前初始回报总是欠佳。

我自己的微趋势交易结果，用来计算你的期望收入和 ROI 的第三种输入，趋于落在其他两个输入之间。我从来没有将我在这里发布的任何方法与回溯测试的结果相比较。在理想和现实之间总是存在差距。尽管如此，我还是希望我比我教的学生做得好一些，至少比在他们交易事业的起步阶段做得好些。这里更多的是交易经验和特别交易系统的作用。我已经有了互联网泡沫（1995 年—1999 年）和泡沫破灭（2000 年），9 · 11 恐怖事件，2003 年-2006 年底 VIX 的大牛市以及 2008 年—2009 年的大崩盘及 2010 年反弹的交易经历。在以上这些市场中，我获得过巨大的成功，也遭受到重大的失败。这些成功、失败教给我许多东西，我可以增加直观边界给我的交易系统，而这需要学生们花一些时间学习。

根据我说的，对于读过这本书并且坚持了五步计划及那些严格按照这里所列的微趋势交易方法的人，下面就是我认为合理的可以达到的目标。收益见表 3.1，假设如下：

- 完全遵守了本章中所列出的五步计划。
- 定期使用所有 8 个交易系统。
- 交易者至少有 6 个月的全职微趋势交易经验。
- 每个交易日平均进行十轮交易。
- 持仓总规模是基于总账户的 10 等份（最少 25 000 美元）。
- 在所有的平仓交易中有 60% 的胜率（赢输比 3∶2）。
- 市场维持小于 30 平均值的 VIX（相对稳定）。
- 一个深度折扣经纪商提供按股数收费和按交易笔数收费两种选择。
- 所有的净收益都是以月复利计算的。

除了以上这些参数外，随着你头寸规模的变化，假设你的佣金结构按照以下基准选择：每股 0.01 美元（交易规模少于 1000 股）或者每笔交易 9.99 美元（交易规模大于 1000 股）。假定在交易日中的任何时间都存在一日交易和多日交易的混合交易头寸。最后需要说明的是，表中给出的回报不含短期收入所得税也不含其他间接成本，如制图软件费，检测软件费，网络服务费等等。在最初的一年，税费和间接费用会占到你交易收入的一半。当你的账户规模不断增加，个人收益不断上升时，这些费用会减少到你净收益的1/10，如果你雇佣税收规划师，这个比例会更小。

表 3.1 微趋势交易的期望收益和 ROI

年	起始资金	1月收益	12月收益	年收益	总收益	总的 ROI
1	$ 25 000	$ 788	$ 1 108	$ 11 272	$ 11 272	45.1%
2	$ 36 272	$ 1 148	$ 1 607	$ 16 354	$ 27 626	145.1%
3	$ 52 626	$ 1 658	$ 2 332	$ 23 728	$ 51 354	210.5%
4	$ 76 354	$ 2 405	$ 3 383	$ 34 426	$ 85 780	305.4%
5	$ 110 780	$ 3 490	$ 4 908	$ 49 948	$ 135 728	443.1%
6	$ 160 728	$ 5 063	$ 7 121	$ 72 469	$ 208 197	642.9%
7	$ 233 197	$ 7 436	$ 10 322	$ 105 143	$ 313 340	932.8%
8	$ 338 340	$ 10 658	$ 14 991	$ 152 550	$ 465 890	1353.4%
9	$ 490 890	$ 15 463	$ 21 750	$ 221 331	$ 687 221	1963.6%
10	$ 712 221	$ 22 435	$ 31 556	$ 321 125	$ 1 008 346	2 848.9%

表中的数字都是保守估计。要达到这个目标，你只需要保证你的税费后平均日收益占你交易账户资金总额的 0.15%（每月收益率大概为 3.2%）。在几乎无波动的市场，这都是一个合理的数字，甚至是使用任何的交易方法，将所有常见的失误都考虑在内。在波动市场快速而稳定交易者的期望收益应该更高。

每天15个基点的净收益意味着对于一个 25 000 美元的账户每日的净收益低于38美元。要达到这个目标并支付每天平仓交易的十次佣金，你仅需要每百股的单笔交易平均收益在6美分以上就可以了。在花费了每笔交易2美元的佣金后，每100股收益6美分就会产生4美元的收益。10次交易，在扣除佣金和间接费用后，你每日的交易收益为38美元。38美元也许并不是很多，但是七年时间，相同的低水平成绩可以得到6位数的薪水。

想一下，只要每天赚得 6 美分，你就可以变成职业的交易者。这就是微趋势交易的力量。

这个数字可能不足以让你过上完美的生活，但是至少足够养家，直到你的交易账户资金超过 100 万美元。在新手中，这经常是一个太容易达到的点。我收到无数来自充满希望的初学者的邮件，问我 10 000 美元甚至更少能不能开始"以交易为生"。我告诉他们要有 10 倍的那个数，并且在他们想要辞掉工作之前，至少有 6 个月的交易经验，之后大部分人就再没给我回复。我之前说过，交易并不是迅速致富的工具，但是任何人只要有足够的耐心和勇气，交易就是一次美妙的"慢慢致富"的冒险。

4. 起点低一些，逐渐增加规模

一旦你达到了这一步，你已经将你的手机号码给了你的责任伙伴，并定期进行电话交流，你已经有了一个资金到位的交易账户，且与之相配的交易资金与风险资金比率为 3∶1，并且你有了一组合理的要争取达到的月和年的收入目标。下一步，这是最大的下一步，开始真正交易。忘掉纸上交易，忘掉回溯测试和改型，忘掉你完美的心理预期收益。作为交易者成功的唯一方法就是投入真实的钱和精力。我爷爷曾经说过："渔网不湿永远捕不到鱼。"如果你已经按照步骤到了这一点，请准备好你的鱼竿、浮标、鱼饵、鱼钩出发吧！是抛出你的第一竿的时候了！

我给每一个开始用我的交易系统而以前又有大量经验的微趋势交易者的忠告是：起点低一些，当然，应该小步走，即使是老练的日交易也应该慢慢开始，就像是用新的交易技术建造家一样。我强烈建议每一个阅读我的书、希望用我的系统获得成功的人，按照以下四阶段过程进行。第一阶段是新手或新的日交易者应在什么地方开始。第二阶段是那些做过一些交易但是大部分的经验局限于波动交易和头寸交易（长期交易）者的开始点。第三阶段可能是那些有经验的当日交易者的起点。所有三个起点都有一个关键的策略：它们都是在目标收益达到之前，强迫微趋势交易系统的新手开始时限制系统使用数量和每日交易笔数，并且当指定的利润目标满

第3章 微趋势交易成功的五步计划

足时增加系统使用数量和每日交易笔数。它们也都有相同的目标：当你到达第四个阶段时，你可以上升到同时开10个头寸，使用全部8个交易系统的一个子集，账户上的每一分钱都会为你带来收益。

当我在美国初次作为全职教师的时候，我刚刚从牛津大学博士毕业，从来没有教过大学生，更不用说是美国的大学生。考虑到我的经历，明智的院长只给我安排了一个班，一门基础课程。我在第一年教了8遍这门课程，并且在暑期班又教了两次。第二年，已经证明了我自己，院里允许我教一门选修课。第三年，我得到许可开设一门自己的课程。到第六年，我所教的所有课程都是我自己设计的。在最初的这些年，我犯了很多错误，大家给了我很多好的忠告，根据这些忠告改变了我很多做法。如果没有第一年反复教一门课的经历，和我的良师们给我的忠告，我就不会有今天的成绩。交易的成绩也出自同样的方法：专注于一门技能，真正掌握它之后再去增加其他的。就像每一个音乐家说的那样："先有音阶，然后才有音乐。"

就像我教书一样，我建议你按照下面这个时间表去获得你的"交易证"。终极目标是用8个微交易系统做全天候的满仓交易。为了安全地达成这个目标，你需要小心翼翼地开始。你开始时应该只用账户中一部分的钱，用这里教的所有交易系统的一小部分，直到你掌握了获利的艺术。我知道大部分的人对把这么多现金放置在一边都会感到不安，特别是当你看到大好的投资机会突然出现的时候。但是你要这样想：在每一个其他行业，你必须首先提高你的能力和可靠性。交易也是如此。如果你不能通过两个系统做4次交易用100股获得收益，那么你肯定不能通过8种系统做10次交易用10000股获得收益。

在你没达到前一个阶段的目标之前，绝不能进入表3.2所列的下一个阶段。月利润目标代表了一个完整交易月之后的净利润水平。如果你在月底之前达到了这个收益水平，你也要保持现在这个交易水平到月底。如果到月底（22个交易日）你的收益达到或高于利润目标，那么你就可以进入

下个阶段。记住，每次交易所投入的资金数量是账户总额的10%。这就意味着你只有在达到第四阶段才可以在日交易中用微趋势交易系统满仓交易。在这之前你必须限制你的交易系统数量和同时所开头寸规模。稳定坚持这个计划可以让一个交易新手在3个月之后就成为全能交易员（第四阶段）。大部门的交易者所花的时间要比这更长。不要担心这将花费多长时间。目标是作为交易者你的安全和长寿。

时间表的前提是你的交易账户中有至少25 000美元。前面已经提到过，如果你的交易账户资金小于这个数的话，你将会受到证券交易委员会（SEC）规定的限制从而无法使用我的多日交易系统。你每个星期有三个交易日账户不会被冻结（你可以平仓，但是不能进行新的交易），这可以帮助你达成你的收益目标。但是，以我的经验而言，对于小规模账户的交易者，宁愿不进行交易也不要限制你自己每周只能进行三天交易。一旦你形成了盘中交易的思维模式，你将很难停止。即使有这些限制，小规模账户交易者也能使用多日交易方法享受微趋势交易的利润。

表3.2 增加规模和获利性的系统

账户规模	阶段1				阶段2				阶段3				阶段4			
	A	B	C	D	A	B	C	D	A	B	C	D	A	B	C	D
$25k	2	4	$2 500	$225	4	6	$2 500	$385	6	8	$2 500	$540	8	10	$2 500	$775
$50k	2	4	$5 000	$450	4	6	$5 000	$775	6	8	$5 000	$1 075	8	10	$5 000	$1 550
$100k	2	4	$10 000	$900	4	6	$10 000	$1 500	6	8	$10 000	$2 150	8	10	$10 000	$3 100

关键：A—使用系统的最大数量；B—每天同时未平仓的最大头寸；C—每笔交易的资金量；D—每月的利润目标。

另外，承受了更多风险的小规模账户交易者可以考虑在电子迷你期货合约（如ES，NQ，YM和TF）上运用我的一日交易系统。与所有的逻辑

第 3 章　微趋势交易成功的五步计划

相反，电子迷你期货合约可以规避日交易模式的一些限制。单边合约头寸的保证金要求比较低，如果你有技巧、守规矩，并且装备了稳健的系统，就可以获得不错的收益。但是会有10%的交易失败，而引起$10 000账户会撞击"我退出"的风险资本值。因而，显然，你获得长期成功最安全可行的路径是不改变股票和多日交易方法。不断让你的收益增加并且增加你的月收益，我相信你很快可以积累到或超过25 000美元到达日交易的资金要求。到那时，你就可以通过日交易系统获得更多的收益。

在我们继续前，在这一步最后我想说：如果你连续三个月都没有达到你的收益目标，那么你可以退回到前一个阶段，然后从那里开始，我希望你可以把这句话当作固定不变的规则来遵守（如果你是在阶段1，你将保持交易，直到你的风险资本值被撞到或你撞到利润线两个出现较早的情况发生）。再告诉你一句交易大师名言："如果遭受损失，减少交易。"我的一个做交易的朋友用黑体字书写并贴在他的显示屏上："赔钱了？减仓吧！"不过我个人不是很赞同把这种消极的句子贴在你的屏幕上。消极的话往往会变成自我实现的预言。然而，如果你接连三个月业绩都处于低谷，那么这句话对你还是有所帮助的，它可以让你明白身在何处，将去往何方。我建议你把前面提到的时限（见表3.2）抄下来贴在你交易柜台醒目的位置。

5. 遵循10-10-80的计划

我在《生存之道的趋势交易》中提到过10-10-80计划。它是我在第二步推荐的冠冕财务公司（Crown Financial）和金融和平大学（Financial Peace University）两大货币管理系统的主题。10-10-80计划源于维护人类繁荣这一永恒的主题。这个计划对你的交易业务给出了纪律，其目的远大于你的交易动机的自我利益。如果每一家公司都遵循10-10-80法则，那么全世界2/3的人将免受饥饿、贫穷和灾难的折磨。如果每个人都遵循这个法则，世界将有美好的明天。政府的福利计划将因为没有救助者而停止实施；失业者将会减少到只有自愿者；星球上的每个人的卫生保健都能通

过私营部门的主动性得到满足,且医学研究将会取得进展。

10-10-80 计划就是政府拿出国内生产总值(GDP)的 20% 存入个人账户、私人账户和信用计划,其随着时间的推移,将提高生产力和商誉及所有人的福利。这个计划很简单:你每个月有 10 美元的净收益,你把 1 美元捐给慈善基金,把 1 美元存入免税账户,剩下的 8 美元去做你想做的任何事。这样,你的交易收入不仅可以使你和你的家人获益,而且可以造福那些真正需要帮助的人。

一旦你拥有了丰富的经验,一组良好的系统并且严格遵守规则,通过在线交易赚钱就是一件极其简单的事情了。我们可以通过这样一种安静(大多数情况下)、轻松的方法赚钱是多么令人惊喜的一种特权啊!交易是理想的生意:仓库没有存货,不需要和供应商讨价还价,不用运输成本,没有雇员罢工,等等。这里没有学历和证书的要求,没有要满足的销售目标,除了市场没有人是你的老板。如果你能点击鼠标,你就可以做生意了。但是然后呢?这么做是为了什么呢?每天坐在电脑前,盯着屏幕,点击鼠标左键就可以获取财富,无可否认,这真是太有乐趣了——至少赚钱的这部分充满了乐趣。但是大家却觉得这是缺乏目的的活动。没有提出崇高的理想。不需要清理乱象。不需要提供服务(不同于为其他人制造市场,反过来,其他人又为你制造市场)。这不是"目的导向的人生"。

为了摆脱这种生活,你要用赚得的一部分去赢得尊重,提供奖学金,对抗灾难,为孤儿提供家园,解救被拐卖儿童,这样可以让你的获利生活变得充满生机和活力。是的,10-10-80 计划就是"上帝之果"(圣经建议最少 10% 的"捐款")。也许你并不想看到事情是如此。没关系。上帝早就构造好了他的管理原则,就像自然法则一样起作用。你没有必要作为一个信徒从地心引力和声音营养中获益。财富上的捐献也是如此。

一个美国中产阶级的家庭年收入大概为 50 000 美元,但是他们每年平均向教堂、犹太教堂等慈善基金等捐助只有 1 000 美元。这个数字仅占家庭收入的 2%。基督教徒的捐赠超过那个数的两倍(2 210 美元),非基督教徒的捐赠较少（642美元）。穷人捐赠比例（5.5%）大于富人（3%）。然而，没有东西在一定程度上可以测量这个神圣的标准。

如果这个神圣的标准还没有打动你，考虑这个：最新的研究结果表明，公平来讲，慷慨的人的幸福指数比贪婪的人正好高出43%。还有一句话你在经济学101教材中是看不到的：财富和幸福之间并没有明显的关系——谁知道？——但是慷慨和幸福之间却有着很强的联系，而无论收入多少，那些定期将收入的一部分捐献给慈善机构的人比那些定期锻炼身体的人得到更大的健康受益。

下面是一个真实的事情：有证据显示个人慈善捐赠，引发动机方面的一系列因果关系，结果增加了捐赠者的财富，同时也增加了这个国家甚至整个世界的财富。例如，社会资本的社区基准调查发现每100美元的慈善捐赠，会直接增加375美元的个人财富。因而，如果一个年收入为50 000美元的家庭准备将10-10-80计划付诸实施，将他们的慈善捐赠从1 000美元增加到5 000美元，那么相同的家庭期望家庭收入增加将超过68 000美元。

好处还不止这些。根据印第安纳州立大学慈善中心的研究结果，每捐给私人慈善机构100美元，将可以增加1 800美元的GDP。如果一个美国家庭将每年的捐赠率从现在的占年收入的2%水平提高到10%，将会有5 000亿美元的慈善捐赠进入私人慈善机构，GDP会随着飞涨。忘了国债吧，一年就会还清！医疗保健？支付！社会保障？永远没问题！第三世界所欠债务？免了吧。

一方面，捐赠和个人、国家甚至全球的繁荣到底有什么联系呢？另一方面，与大多数的经济关系不同，这种联系不是机械的。然而，可以提供一些解释。例如，神经学家证实当我们做一些无私的行为时，人脑中一块区域就会被刺激。而这块区域正是负责帮助我们满足吃穿等日常需求的区域。相反，无私会触发我们的脑部，以帮助我们努力工作，来满足我们的日常需要。正如我以前所说，心理学家指出，慷慨会让人快乐，而快乐的

人们工作就更有效率，表现得更加自信，于是在工作中就会得到更多的晋升机会。

虽然这些例子听起来很有趣，但是还不足以让人信服。显然，除了人们决定对教堂捐赠增加外，大脑化学、温暖和模糊的感觉不足以解释30%个人收入增幅或国家财富的18倍的增长。所以，一些更重要的事情在这里起作用。一种捐赠与财富有关的最有可能的答案和我支持的解释在2400年前一个名叫玛拉基的希伯来先知所写的书中被找到。站在一个毫不慷慨的国家面前，玛拉基代表发布了严厉的警告和不可置信的承诺的上帝，说：

有人将掠夺上帝吗？但是，你正在掠夺我！

但是你说："我们是怎么掠夺你的？"

在［你的］课税和捐赠中。

你被诅咒，因为你正在掠夺我，掠夺了你的整个国家！

"带着所有的课税去仓库吧，这样我的家里也许就会有食物，用这个方法考验我吧！"上帝说，"我将不会为你打开天堂之窗，直到它溢出我才会倾福与你！"

我明白为什么你发现玛拉基对国家经济灾难的解释一定不能接受。我前不久也不能接受。对吝啬的诅咒和相信上帝提供的祝福对我的学术头脑就像最好忘记的天真的遗物。但是我一旦步入确信的境地——另一个时间的故事——学术头脑就变为遗物、承诺和真谛。

准备 10-10-80 计划

如果你在这时候还陪伴着我，我就介绍 10-10-80 计划如何实施。首先，除了你的原支票账户外，你还需要在你的银行增加两个账户。每当你获得收入的时候，无论什么来源，从中提取 10%（税前）存入新增账户中的一个。从这个账户——你的捐赠账户——每个月月底你写一张支票或几张支票，无论账户是什么情况，小于需要使该账户存在的最小数量。将你

第 3 章 微趋势交易成功的五步计划

每月的捐赠捐给你选择的慈善机构。我们都是把钱全部捐给我们的教堂——我们当地的"仓库"——以及偶尔为一些特殊目的另外的捐赠。我还通过国际致善协会和世界宣明会和两家机构资助了几个孩子,这两家机构都是在亚洲致力于帮助营救从事性交易的青少年(其中有一些孩子才5岁)。

第二个10%——注意这10%是你整个税前收入的10%,而不是在你捐赠后剩余90%中的10%——存入另外一个账户。这10%就是你用来做长期、相对安全且稳定增长投资的资金,可以通过存入个人退休账户免税(IRA)。这不是你设立以应急或大额消费的储蓄账户。10-10-80计划中的第二个10%在你步入晚年之前都不能动用。

剩下的80%存入你的主支票账户。随便你怎么花。当然,首先支付账单和债务,用剩余的钱,寻找一些乐趣。是的,这意味着你必须改变你的生活,由于你自由支配的花费资金减少了,对你们的某些人大约20%。但是,如果玛拉基是对的,你应该期望从许多其他方面得到更多补偿,一些是与钱无关的。

然而,当你准备开始阅读下一章时,保证你首先已经有了一个责任伙伴;有了具有指定风险资金数字的足额交易资金的账户;确定了一个切实可行的收益目标;精确了解你的头寸,系统数,日常交易的笔数;以及你同意把你收益的10%用于慈善,另外10%作为退休基金,其他的做长期投资。如果具备了这些条件,那么现在就开始适时交易吧。

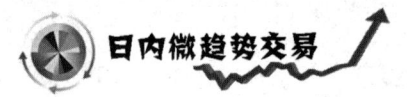

第4章 指令类型、止损、目标退出

下面让我摘下教练的帽子,开始讨论实质问题。你想学习能够在市场中使用微趋势交易获得持续收益的一组交易系统。微趋势是一种有规律的价格波动,这种波动持续时间不超过 5 天,并且其原因可以被持续的技术和价格指示器所记录。

简单介绍方法的发展

历经了几年积极交易,下面的系统被开发。一些系统是我的《生存之道的趋势交易》所描述方法的简本但被用于短期图表。一些系统则是把众多交易系统的一部分混合——一些是自己的,一些是从其他地方学来的——以独特的方式拼凑在一起的。而另一些则是"好奇直觉"的产物,它们来自大家问的问题,"如果我尝试这个或者那个会发生什么?"全部的 8 个系统都有一个共同点:它们都有在波动的市场中持续获利的跟踪记录,以此作为回溯测试和实时、真实交易的证据。

关于回溯测试

回溯测试是根据历史数据评估并优化一个理论、方法或系统现有价值的过程。统计学家认为它是一种合理的分析方法,本身有大量的实际应用。例如天气预报和气候变化模型,两者都依赖于历史的回溯测试。经济学家利用回溯测试增加如收益率曲线推测、领先指标分析的预测价值。货币经理人在推荐某种资产配置方案或强烈推荐增持股票和债券时,也会用到回溯测试理论。事实上,整个保险行业都依赖于回溯测试——寿命预期表形式、城市交通模型、区域洪水历史等——为了制定保险费率。

只要它的局限性得到了解,那么在用于建立交易系统时,回溯测试本身并没有错。而回溯测试交易方法的主要局限在于由于市场是不断变化和发展的,所以任何系统在过去表现良好,都不能代表它未来也可以表现得很好。举一个显而易见的例子,2000年你想对以下方法做回溯测试:"在每个月的第一个星期五入市前5强的科技股股票,每个月做一次资金调整。"然后你用1993-2000年7年的数据做回溯测试。你觉得你发现了交易的天堂。你把房子做了反向抵押,建立了新的交易账户,开始购买游艇。三年之后,你破产了。为什么?你的回溯区间正好与科技股的大牛市一致,纳斯达克100上涨了1200%,但是你真实的交易区间见证了纳斯达克科技股泡沫破裂,指数下跌了80%。故事的寓意是,在你的回溯测试区间内市场表现为一种类型主导时,回溯测试的结果是没有价值的。

让这种局限最小化的方法是确保你的回溯测试区间包含了尽可能多的市场类型。在《生存之道的趋势交易》中,我指出并定义了五种主要的市场类型:强牛市、弱牛市、强熊市、弱熊市和震荡调整。幸运的是,现在的市场波动已经足够在短时间内为我提供五种全部市场类型。我们只需把回溯测试区间定在现在(2010年中期)到2007年的开始,就能够看到完全的强牛市(2009年第2季,2010年第2季)、弱牛市(2007年前半年,2009年后半年)、震荡调整(2007年后半年,2010年第1季)、强熊市(2008后半年,2010年第2季)、弱势熊市(2007年第4季,2008年前半年)。因而在2007年1月1日到2010年6月30日之间,回溯测试效果良好并能在前述的任何阶段显示正收益的任何方法,都应被认为是足够稳健

而适用于未来。

回溯测试的第二个局限性是，给予一个系统可获利性的关键因子不能合适地回溯测试。这也许只是我个人的局限性，因为我缺少编码和编程的知识。但是我觉得这如果对我有局限的话，对其他人应该也是如此。例如，你可以回溯测试各种各样的技术组合的系统，但是我还没有找出如何用某一精确的方法回溯测试有关以前价格支撑位和阻力位、价格合并模式、移动平均线斜率等内容。另外，我也不知道如果剔除其真实来源于一个交易系统的如"缺口"图、起伏的价格波动、交易量突然变化、异常价格数据及其他的数据这些交易杀手的回溯测试。当运行一个屏幕后，在图上看到的这些东西，将立即不适合作为候选者的图。回溯测试也没法进行。回溯测试简单地处理这样一些数，而没有任何方法去消除被拒绝的内容。

解决第二个局限性的唯一方法就是我所称为的盯市回溯测试。盯市回溯测试的运行如下：你运行你正在使用的测试回溯的系统（x）于回溯期第一天（y）的屏幕，然后把图放入每页10个观察栏中，一个一个盯住它们，剔除掉没用的候选者。在剩余的图中，你记录下根据你的绘图软件，从y开始运行的图，按照x方法，完成进入和退出数据。当所有的方法x和日期y可执行的交易都被分析和记录后，你可以把回溯日期切换到y+1，然后再次运行这个程序。这个过程一直持续直到你到达回溯期的最后一天。

当然，这是一个非常乏味的程序，但是这却是我下面所描述的系统进行回溯测试的唯一可靠的方法。幸运的是我们只需要做三年以内的回溯，因为在最近几个月市场波动足够明显。另外，你可以在短期内了解哪种方法是你值得去追求的。如果你的盯市回溯测试在前60天产生了100笔交易，有80%以亏损平仓，那么你应该清楚地知道这个方法不是你要追求的。相反，解决盯市回溯测试单调乏味的最好办法就是把一个又一个的数字输入你的电子表格，然后观察利润和投资收益率（ROI）上升到最高层。

第4章 指令类型、止损、目标退出

实时，真实的交易

给出它的局限性，并把局限性最小化之后，任何像我一样喜欢开发新交易系统的人，都会认为回溯测试是个极好的资源。但是有一点重要事情要清楚，就是回溯测试的结果都是假设。假设的结果适合作为指南，标识，标牌。他们本身不是方法。即使用最好的谷歌地图，你从A点旅行到B点时，也可能迷路，因为道路和你预想的不一样。地图没有办法看到车道封闭，不期望的绕行或是"大桥正在施工"的符号。所以要确定从A点到B点最佳路线的最好方法就是丢掉电脑，开车真正地走一次。

交易系统也是如此。在某一时刻，你应该把所有回溯测试的电子表格放在一旁，无论它们玩起来多么有趣，打开你的交易账户，投入实时、真实的交易。作为离题的话，我来讲一下某人运行"股票选择"服务（Befriendthetrend.com）。在"股票咨询"领域，我大部分的竞争对手都会向你展示使用他们系统之后的卓越成果。作为警告：总是在页面底部寻找好的印迹。某些时候，你会看到一个放弃者说"假设"交易业绩的限制。你正在看到的消息是机械回溯测试的结果，而不是实时交易结果。如果由于网址已经为你列出了一长串的赢者，你已经签约这个服务，那么会看到你的业绩下降，位于一长串的输者之下，这可能是因为你一直是在假设的结果下进行交易，而不是实时的、真正的交易结果。

要逮到真鱼，就要自己下网。所以判断你的交易系统是否优秀，它们是否真正获益的唯一办法就是做实时、真实的交易。丢掉你那些纸上谈兵的东西吧。那些东西对于真实交易来说就像与我的孩子骑自行车参加环法自行车赛一样。有些相似，但是又差得很远。你需要真实的交易。

我向你保证，我所有的8个微趋势交易系统不仅用历史数据进行了盯市回溯测试，而且是由我实实在在交易的分析得到的。我有时收到从我的Befriendthetrend.com用户发来的E-mail，询问是否在回溯测试我的系统中，我提供了某一交易系统以"曲线拟合"或"非线性回归分析"。我对

他们的回答总是相同的："是吗?"请原谅我，但是我不懂得这些术语的意思。我认为他们对统计学家是非常重要的，但是就我而言，仅有唯一的方法可以知道是否交易系统是好的：像方法所指示的那样严格交易，服从纸上的每一条规则，实时，实际，并在各种市场条件中交易。如果随着时间的推移，你的账户钱增加了，继续使用。否则，离开它。

交易术语和头寸管理

在我们关注微趋势交易系统之前，我必须确信用在系统中的各种交易术语大家意见一致。重要的是我们概述头寸管理的基础——即如何使收益最大化和使损失最小化。这些中的许多可能对你们大多数人而言，将是熟悉的边界。如果你是一个有经验的交易者，并充分了解如何设定合理的止损和目标退出的指令，那么你可以略过这一章，直接进入交易系统。然而，我知道，谈到这些事情，大多数交易者还是在学习阶段。即使你不是如此，最好至少你应该浏览一下本章，确信你和我用相同的方法使用相同的术语。

买/卖指令术语

对下面所描述的微趋势交易系统，有几个指令类型和术语你必须熟悉。下面定义的这些术语是有关股票交易的，但是你可以把它们用在任何一个其他交易市场。下面是全部的基本术语表：

入市价。建仓时入市股票的每股单价。

退出价。平仓时卖出股票的每股单价。

止损点。事先指定的价格，低于（对多头）或高于（或空头）你的入市价，股票在交易中，为避免更大的损失，你平仓的价格。

硬止损点。为你的在线经纪人确定的止损指令，如果股票在如上指定的那个价位交易，系统自动触发。

追踪止损指令。为你的在线经纪人确定的止损指令，如果股票在那个价位交易且对每一个有利的价格变动进行调整（多头向上调整，空头向下调整），系统会自动触发。

百分比止损指令。一个硬止损或追踪止损指令，预先设定偏离入市价的一个百分比。

度量移动止损指令。一个硬止损或追踪止损指令，被设置于低于（对多头）或高于（对空头）入市价减去（对多头）或加上（对空头）上一个趋势移动值距离的 0.65 倍。

交易区间止损指令。一个硬止损或追踪止损指令，被设置于低于（对多头）或高于（对空头）入市价减去（对多头）或加上（对空头）上一个交易区间间隔的 0.65 倍（见下）。

止损加限价入市指令。为你的在线经纪人事先确定的一个价格指令，或者高于（对多头）或者低于（对空头）现行价格，如果股票价格在那个价格交易，将自动触发买（对多头）或卖（对空头）指令以开新仓。

限价入市指令。为你的在线经纪人事先确定的一个价格指令，或者低于（对多头）或者高于（对空头）现行价格，如果股票价格在那个价格交易，将自动触发买（对多头）或卖（对空头）指令以开新仓。

开盘市价委托（MOD）指令。为你的在线经纪人设定的一个指令，一旦交易开始（东部标准时间 9∶30am），系统将自动地以市价入市或卖出股票。

收盘市价委托（MOC）订单。为你的在线经纪人设定的一个指令，一旦交易结束（东部标准时间 4∶00pm），系统将自动地以市价入市或卖出股票。

目标退出价格：事先指定的一个价格，高于（对多头）或低于（对空头）你的入场价，如果股票在那个价位交易，你同意平仓以锁定收益。

目标退出时间：事先指定的时间（即，平仓交易），如果没有止损离场，你同意平仓的时间。

一个取消所有订单（OCA）指令。为你的在线经纪人设定的一个指

令，如果一个指令执行，将自动取消一个特定股票上的所有的开仓指令；如果你同时存在止损和目标退出指令，将更有益。

真实波动范围均值（ATR）。价格运动的平均区间，对特定数量的条形图，从前一个价格条形图的收盘价到现行价格条形图收盘价。

ATR 止损。一个硬止损或追踪止损指令，被设置于低于（对多头）或高于（对空头）入市价减去（对多头）或加上（对空头）现行 ATR 值的 2 倍。

下章所描述的微趋势交易系统使用了各种入场和离场的方法。在某些情况下，你可以在交易开盘时马上以市场价格入场（MOD 指令）并以追踪止损指令离场。在另外一些情况下，你可能以日内 K 线/条形线的收盘价入场并以事先指定的价格硬止损或目标限价而离场（根据哪个先发生）。还有一些情况，你可能被给予入场或离场的选择，并且你可以选择哪种方法更适合于你的交易风格。

四种止损的方法

基于这里讨论的方法，我将详细说明给定方法性质时，我认为是设定止损点最有效的方法。设定止损点和交易一样，部分是科学，部分是艺术。如果止损点设定得太靠近入市价（被称为紧凑止损），那么将损害你的业绩，由于他们会将你从获利交易中敲出。如果止损点和入市价太远（被称为松止损），它们将迫使你持有损失的交易可能太长时间，而破坏你的业绩。就像小熊宝宝的粥一样，止损点不能热也不能冷，要"恰到好处"。

如果你纠结于如何设定止损点，那么请往下读。另外，你可能考虑使用我下面提供的逆转方法。但是逆转系统并不是用来止损的。代替止损，当系统发出一个新的信号时，你简单地改变你的头寸（由多头到空头，或由空头到多头）。用这种方法，方法本身起到了止损的作用。

在我的趋势交易研讨班中，我喜欢强调设置止损点的四种不同的方法。

这些方法最通常被用于波动交易股票中，但是每一种方法在任何条件和所有时间，都可用于任何市场。就像我前面说的，设置止损点部分是科学，部分是艺术。我在这里教给你科学。止损的艺术你必须通过经验去掌握。

百分比止损

首先我给大家介绍一种最简单的方法：百分比止损。百分比止损就是设定一个偏离你入市价格的百分比。作为一个例子，我们将微趋势交易用于 ProShares Ultra short Nasdaq100（QID），其通常是微趋势交易杰出的候选者。事实上，当我正在写这段时，我刚刚进行了这次交易。我正在交易的系统要求开盘后立即以市场价格卖空。在图 4.1（2010 年 8 月 17 日）我图例的那天，纳斯达克 100 的开盘价为 17.67。如果在交易中，你设定止损百分比为 2%，那么你的多头止损点或追踪点为 18.02（17.67 * 1.02），空头止损点为 17.32（17.67/1.02）。下面我的系统的一些用百分比止损作为头寸管理选择非常好使。

图 4.1 QID 空头的百分之 2 止损点

ATR 止损

建立止损点的第二种方法是（ATR）止损。ATR 表示真实波动幅度均值，是前一个收盘价与现行收盘价之差的指定数量（14 是缺省值）价格条形线的滑动平均值。当股票增加了收盘价对收盘价的变动，其通常发生在价格趋势过程中，ATR 将增加。当股票波动减小，落入一个小区域，ATR 将减小。由于 ATR 基于真实的过去价格变动给了我们将来一个期望的价格变动区间，因而我们可以用 ATR 乘以 2（基于 14）设置合理的止损点，并将止损点或追踪止损点设置在偏离我们入市价的那个距离（图 4.2）。

图 4.2　QID 空头的 ATR 止损

第4章 指令类型、止损、目标退出

度量移动止损

第三个和第四个方法是我喜欢设置止损点的方法，但是止损点的计算更多的是艺术而不是科学。这两种方法都取决于最近的过去的价格趋势和价格形态的精确读数，因此更紧密地与股票实际运行的动态性相联系，而与更多的静态东西如百分比和收盘价对收盘价的区间联系不紧密。然而，正确读懂价格趋势和价格形态是需要经验的技能，所以，推荐初学者用前两种方法中的一个或另一个。

第三种方法是度量移动止损。度量移动是价格的距离，从低到高或者从高到低，这个距离是你入市之前最近的和最明显的趋势价格之间的距离。设置度量移动止损分为两步。第一步就是取度量移动，如所定义的，然后把它乘上0.4。这个数比百分之38斐波那契回调数稍微大一点，是三个基本的斐波那契回调水平（另外两个是50%和62%）中最主要的回调水平。因而，用度量移动值乘以0.4可以保证你的止损点将正好置于与你入市价格相反的任何初始回调变动的最可能延伸之上（对多头）或之下（对空头）。

设置度量移动止损的下一步依赖于你正在进行什么类型的交易。下面所定义的我的交易方法可以分为三种类型：反转、回调和持续。我们不需要忧虑反转，由于我们没有使用止损。如果你正在交易回调（如下定义），你将从度量移动结束的价格减去（对多头）或加上（对空头）上面得到的那个数（度量移动值乘0.4），并在那里设置止损点或追踪止损点。如果你正在交易持续，你应当从你的入市价格中减去（对多头）或加上（对空头）上面得到的那个数，并在那里设止损点或追踪止损点。图4.3中的图显示了在持续交易中度量移动止损点的设置。

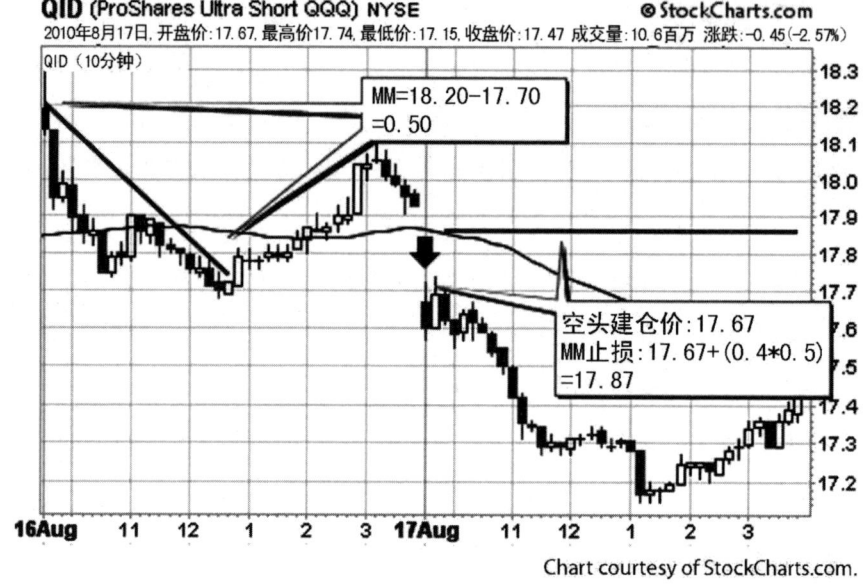

图 4.3　QID 空头的度量移动止损

交易区间止损

有时，在你入场之前，价格不会给出明显的度量移动的定义。可能，股票在突破或回调之前正在整固，或你正在交易像双重底或双重顶的分叉的支持点。在这些情况下，可能没有充分定义的趋势去度量。然而，应当有最新的交易区间可以被标记。这个将我们带入第四种止损方法：交易区间止损。

如果你正在交易的图在你入场的左方没有明确定义的度量移动，那么将图扩大一点，注意最近明确确定的交易范围是什么。在最高点和最低点下面标记水平线，包括 K 线的顶部和底部。度量在这两个点之间的价格距离。这个距离就是你的交易区间。在那里，其他所有的事情就像之前所描述的度量移动止损一样，除了现在你用 0.65 去乘而不是 0.4。由于交易区间通常比度量移动值更窄，你应当增加乘数以避免设置太紧的一个止损点（图 4.4）。

第4章 指令类型、止损、目标退出

图 4.4　QID 卖空的交易区间止损

顺便说一下，所有四种止损方法将使我们留在 QID 交易中，直到前述例子交易平仓的那一天。我正在使用的微趋势交易系统要求百分比止损设置在收盘而不是止损退出。由于我卖空 1000 股 QID，其收盘在 17.47 美元，在计算了佣金和买卖差价后，我在一次交易中获利 180 美元。相同的方法也使我前一天卖空了 QID（2010 年 8 月 16 日），获得净收益 240 美元，在那天之前的一天（2010 年 8 月 13 日），获得净收益 350 美元。在一个股票上用一种方法一种头寸的四天交易使我获得总的净收益 860 美元，当我写这本书时，我还正在敲击键盘呢！想象一下，交易所有 8 个系统可能的收益！这是微趋势交易真正的力量！继续阅读，不久你也将会这样做。

设定目标退出点

每个人都可以用交易系统买或卖空股票希望获得收益。知道什么时间以及如何退出可以使收益最大化，是作为交易者的你试图去做的事情。

再提醒一次，我在微趋势交易中教给大家三种类型的交易：反转、回调、持续。在反转交易中，你永远不必焦虑如何去设定目标退出点。方法会告诉你何时平仓然后做反向的交易（多头变成空头或者空头变成多头）。因而，在反转方法中没有使用止损点和目标。其他类型的交易需要你制定一个详尽的计划，以决定在止损点未被触及之前，你应该如何退出交易。

除了反转方法外，我的微趋势交易系统将会让你持有目前的头寸，直到止损将你带出该头寸。事实上，有关的说法是，在长期的股票交易中，对所有类型的交易，止损退出——相对于目标退出——总是更获利的。在回调交易和整固交易中，耐心等待允许头寸到期，将会给他们一个机会成为大的赢家。在波动交易中，你每年仅需要三或四次这样的大赢就可以过得很好。在微趋势交易中，这些大事中的一两次就可以将损失的一周变为净盈利。

其他类型的微趋势交易也需要你设定相同类型的目标退出。有两种比较常见的目标退出：价格和时间。在这两种方法中，价格目标退出相对复杂。时间目标退出就是按照设定好的时间清仓退出，通常是交易平仓或在一定交易日之后。而价格目标退出需要一些图表分析技能。

我在这本书中教授的微趋势交易系统（除反转方法以外）都包含了当使得每一个方法潜在利润最大时，怎样设定退出目标的建议。在一些例子中，我会根据我找到的最能持续获利的方法，来描述特殊的目标退出方法。在另外一些案例中，你将在不同类型的价格目标退出中加以选择。

我总共教给大家四种类型的目标退出：百分比目标退出、ART 目标退出、度量移动目标退出、交易区间目标退出。这些方法的前两种容易设定。百分比目标退出就是把你入市价乘以一个百分比，以那个价格设定限价指令。ATR 目标退出则是将你入市时的 ATR 乘以 3（假设你设定 ART 止损在 2×ART 点）。第二种和第三种目标退出方法和前面介绍的止损点的方法起类似作用。你可以增加最近的度量移动距离或最近的交易区间距离到你的入市价中，并在那个价格设定止损指令。

第4章 指令类型、止损、目标退出

开始实践吧！

如果你已经跟着程序到了这点，你现在已经有了所有的工具，可以开始你微趋势交易的冒险了！请再检查一下你是否已经完成了以下的任务：

- 有一台配备了大屏显示器的电脑。
- 有了高速宽带接口。
- 下载或订购了某一类型的图表软件。
- 选择了一个深度折扣的经纪商，并且保证你自己熟悉了它的交易平台。
- 有一个可靠的责任伙伴，其同意密切注意你的进展。
- 已经列出了一系列的成功目标。
- 除了应急储蓄外，建立了自己的资金账户。
- 选择了退出的风险控制数字。
- 已经制定了清晰的计划：先投入少量的资金，之后逐渐建仓到完全投资。
- 你和你的责任伙伴保证你微趋势交易产生的任何收入都遵循10-10-80计划。
- 确保自己熟悉用于微趋势交易中的各种指令、止损、目标退出。

以上这些做到之后，你就可以开始学习微趋势交易系统本身了。接下来8个章节我将分别介绍8种我在日内交易中所用的微趋势交易系统。每一种都有详尽的介绍和例子。你把每一种交易系统都浏览一遍，然后选择最适合自己交易风格和计划的系统。在还没开始全面投资前，有些人刚开始只用两个系统，有些人用了6个系统（详情参考表3-2）。为了保证你早日取得成功，有一点至关重要：选择最适合你交易风格的系统，而不是最获益的系统。

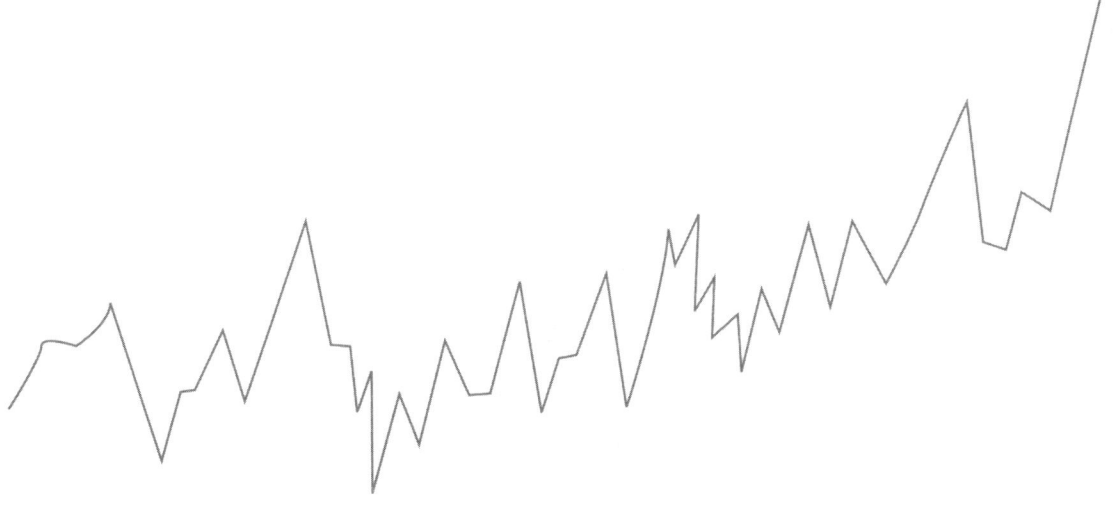

第二部分 一天微趋势系统

第5章 面包—黄油系统

如果你跳过前面任何一章而直接阅读第五章,我强烈建议你返回去看前面的章节,至少先阅读第三章。如果你看着第三章并告诉自己说:"卡尔足够了,告诉我交易系统就好了",那么欢迎你加入90%俱乐部。我几乎可以保证你将是90%的交易者之一,这些交易者进行日内交易,而且收益状况一般(甚至更糟)。第三章主要介绍适当地设置必要的保护——一个责任伙伴、止损点、合理的一组利润目标,一个缓慢且有条不紊的开始,10-10-80计划——这对保证你取得成功还有很长的路要走。一些人没有采取上述措施或者类似步骤,或许也能收获可观的交易利润。这个给予你更多动力。但是,如果在你第一次严重亏损(这一天终将到来)之后,你还不能确定如何去做,请不要责备我。我在第三章中描述的计划已经明确告诉你怎样做。

这意味着,现在我处于本书的核心部分——交易系统。在接下来的几章中,我将向你介绍8套微趋势交易系统,其中,5种是日内交易系统,3种是多日交易系统。或许这于我也一样困难,我将试图把我的写作重点局限于你需要知道的如何更好地交易这些系统的本质。对于每一个交易系统,你将了解到系统的概述,系统的精确参数,如何寻找适合于系统的候选者以及当你运作系统时,如何最好地管理自己的头寸等。

第 5 章　面包—黄油系统

面包—黄油系统：概述

面包—黄油系统是我之前开发的第一个交易系统。现在它仍然是我最喜欢、使用最多的系统。它适用于所有市场类型和时间区间。虽然不是我盈利最多的系统，但是它确实是我持续盈利的系统之一。如果我只能操作一个系统，我将使用它进行交易。只使用这个系统，你就能做充满乐趣的交易。

在我第一次参加的交易研讨会上，我认识了面包—黄油系统的起源。正是在这次研讨会上，我第一次认识到价格趋势、移动平均以及随机指标。虽然自从那个时候这个系统已经被改进，但是上述三个元素构成了面包—黄油系统的核心。读过《生存之道的趋势交易》的人会意识到面包—黄油系统的机制与它的两个摆动交易系统——回调和反弹——的机制相似。这些机制已经为日内交易而得到改善。

表 5.1 列示了面包—黄油系统的基本统计资料。

表 5.1　面包—黄油系统统计资料

系统	面包—黄油系统
类型	回调，多头或空头
期限	一日交易，止损退出，目标退出或平仓
回溯测试	520 天，2008 年 1 月 1 日至 2009 年 12 月 31 日，只有 ProShares Ultra 标准普尔 500 基金（SSQ）
使用图表	具有 K 线的 5 分钟图
交易	962 次交易：57%盈利，平均每次交易净收益率 0.26%
利润	每 100 股 8754 美元（每年的 ROI 为+124%）
止损点（多头）	入市条形线的低点−1×ATR（14）
止损点（空头）	入市条形线的高点+1×ATR（14）
目标退出点	2×ATR（14）或收盘市价（MOC）

盯市回溯测试只在 SSO 一只股票上进行，SSO 是以标普 500 指数为基础的超多头交易型开放式指数基金。任何一只贝塔值大于 2 的股票或 ETF，将会产生更高的回报。此外，由于 SSO 是一只超多头 ETF，其对应的 ProShares Ultra Short S&P500 基金（SDS）（超空头标普 500ETF）能用于任何面包—黄油空头交易。

这里列出的回溯测试结果使用的是过去两年回溯期的 5 分钟图。利用那个图，系统平均每天约进行两次交易。若使用诸如 10 分钟或 15 分钟等长期图表，系统交易次数将会减少。迷你电子期货合约的交易者能深入探究 1 分钟的图并应用同样的方法。在具有强趋势且不稳定的市场中，面包—黄油系统每天将进行更多次的交易。反之，在冷清且波动受限的市场中，交易次数将减少。

面包—黄油系统：参数

面包—黄油系统可用于单独一种股票的交易，或者如果交易者每天想进行多次交易，交易者可以建立关于波动的股票和 ETF 的观察表，并关注它们在交易日的图。

为使用面包—黄油系统，请将表 5.2 列示的指标应用到图中去。

表 5.2　面包—黄油（实用）系统图的设置

图表时间	5 分钟（也可以使用其他任意时间）
图表类型	K 线
指标	随机指标（5, 3），ATR（14）
叠加	20 期简单移动平均线，50 期简单移动平均线

第 5 章　面包—黄油系统

面包—黄油系统的多头

做多，当：

- 20 日简单移动平均值大于 50 日简单移动平均值，且
- 随机指标（5，3）为 25 或低于此值，且
- 信号 K 是牛市（如锤形，十字星，上穿等），且；
- 信号 K 线的收盘价低于前一日 K 线的最高价。

设置止损点和目标退出点

- 止损点：(1 * ATR) −入市条形线的低点
- 选择性止损点：以最近的趋势为基础，使用一个度量移动止损点
- 选择性止损点：以最近交易区间为基础，使用一个交易区间止损点
- 目标退出点：(2 * ATR) +入市价或 MOC 中出现较早的一个
- 注：如果止损点位于入市价之下 2 * ATR 或者更低，则设置无效（"ATR 原则"）

一旦符合条件，在小于你的入市条形线的低点之下 1 * ATR 处设置止损点并在你的入市价格之上的 2 * ATR 处设置目标退出点。如果交易既没有触及你的止损点，也没有达到目标退出点，则以交易收盘时的市价卖出。为控制风险，若止损点设置在入市价之下的 2 * ATR 或更大是无效的。

面包—黄油系统的空头

做空，当：

- 20 日简单移动平均值低于 50 日简单移动平均值，且
- 随机指标（5，3）为 75.0 或更高，且
- 信号 K 线为熊市（如墓碑线，十字星，乌云盖顶等），且
- 信号 K 线的收盘价高于前一日 K 线的最低价。

设置止损点和目标退出点

- 止损点：（1＊ATR）+入市棒的高值
- 选择性止损点：以最近的趋势为基础，使用一个度量移动止损点
- 选择性止损点：以最近交易区间为基础，使用一个交易区间止损点
- 目标退出点：（2＊ATR）－入市价或MOC中出现较早的一个
- 注：如果止损点位于入市价之上2＊ATR或者更高，则设置无效。

一旦符合条件，在大于你的入市条形线的高点1＊ATR处设置一个硬止损点，同时入市价之下2＊ATR处设置目标退出点。如果交易既没有触及你的止损点，也没有达到目标退出点，则以交易收盘时的市价卖出。作为一种选择，具备较强图形分析技巧的交易者可使用度量移动止损点或交易区间止损点。为控制风险，若止损点设置在入市价之上2＊ATR或更高是无效的。

面包—黄油系统：例子

图5.1至图5.4的图包含了接近一周—非常典型的一周—SSO股票的面包—黄油交易信号。在这一周中，波动率指数（VIX）从21升至28，这象征着一个适度波动的市场。标准普尔500指数已经完成了一个5周的上扬并处于回调模式中。系统在4天内触发了17次有效信号。值得注意的是，根据ATR原则，8月11日和12日最后的面包—黄油系统（卖空）设置都是无效的。

第 5 章　面包—黄油系统

图 5.1　SSO 股票的面包—黄油交易，2010 年 8 月 9 日

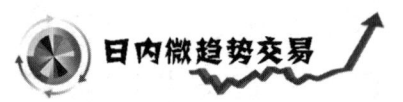

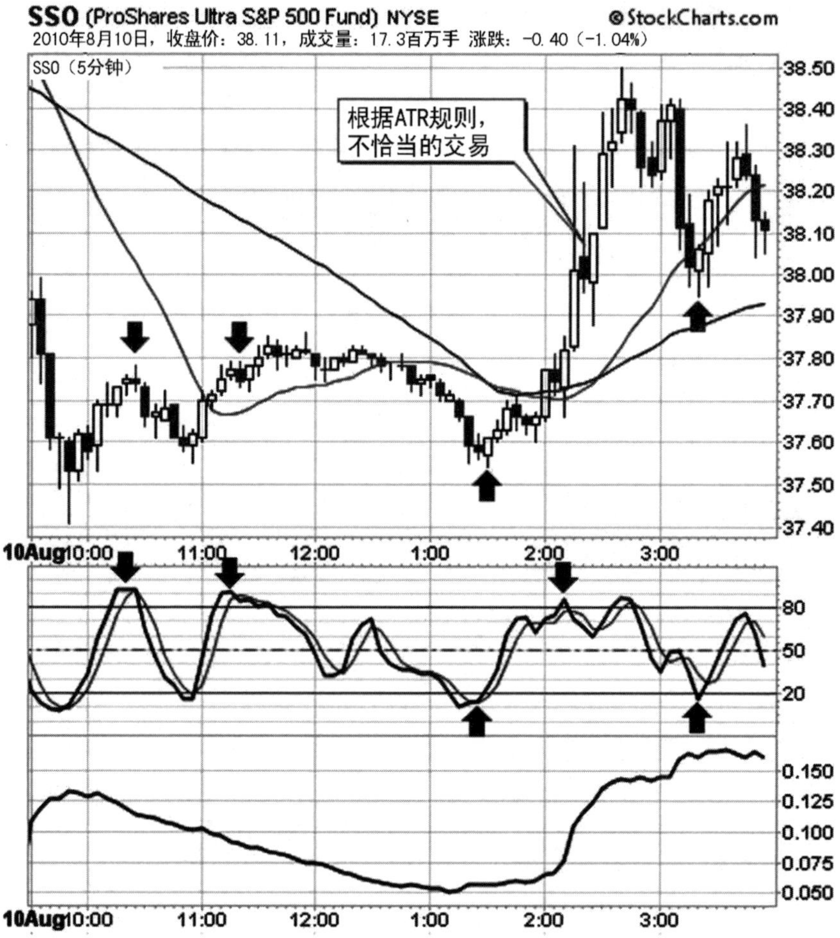

Chart courtesy of StockCharts.com.

图 5.2　SSO 股票的面包—黄油交易，2010 年 8 月 10 日

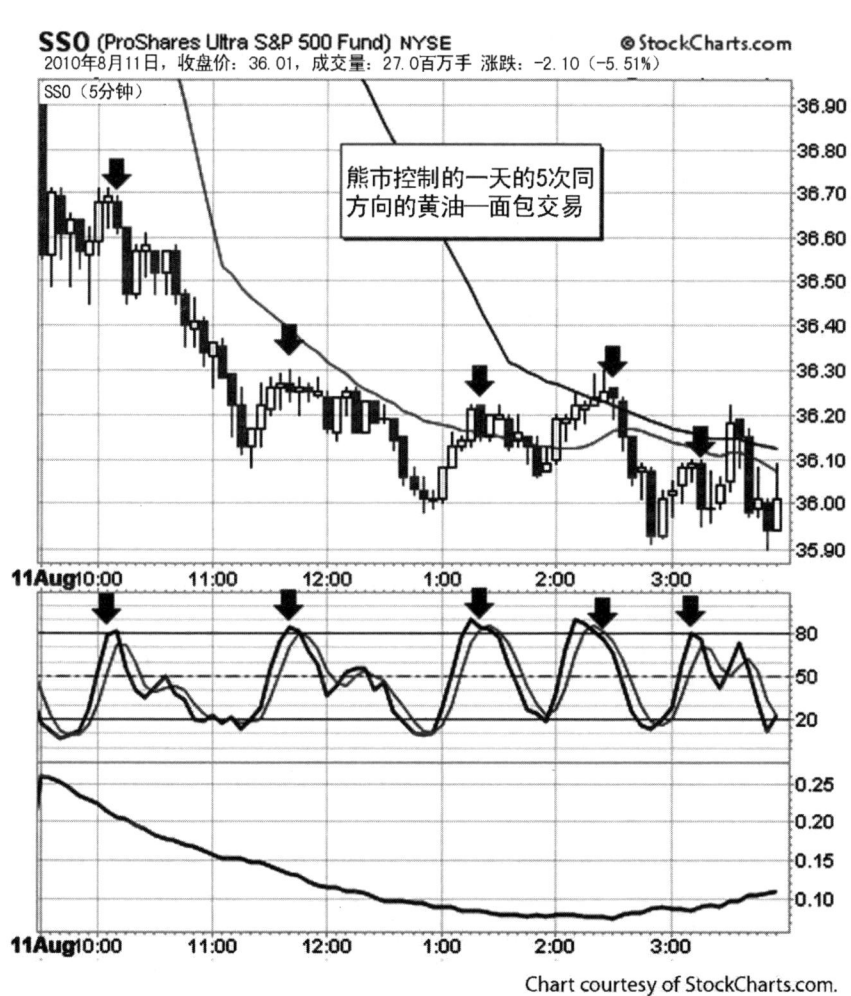

图 5.3 SSO 股票的面包—黄油交易，2010 年 8 月 11 日

图 5.4　SSO 股票的面包—黄油交易，2010 年 8 月 12 日

表 5.3 列出了使用面包—黄油系统对 SSO 股票进行的 17 次交易的结果，这些交易发生于 2010 年 8 月 9 日至 12 日。

表 5.3 面包—黄油（实用）方法交易的结果

类型	入市价	ART	止损点	目标	结果	总收益
1-多头	38.16	0.12	37.94	38.40	0.24	0.24
2-多头	38.37	0.06	38.28	38.49	0.12	0.36
3-多头	38.37	0.05	38.28	38.47	0.10	0.46
4-多头	38.46	0.06	38.40	38.58	0.12	0.58
5-空头	37.74	0.11	37.89	37.52	(0.15)	0.43
6-空头	37.75	0.08	37.87	37.61	(0.12)	0.31
7-多头	37.61	0.06	37.48	37.73	0.12	0.43
8-多头	38.05	0.16	37.78	38.37	0.32	0.75
9-空头	36.62	0.20	36.89	36.22	0.40	1.15
10-空头	36.25	0.14	36.44	35.97	0.28	1.43
11-空头	36.15	0.09	36.31	35.97	0.18	1.61
12-空头	36.23	0.08	36.33	36.07	0.16	1.77
空头	35.89	0.09	36.19	35.70	无效	1.77
13-空头	35.49	0.16	35.78	35.17	(0.29)	1.48
14-空头	35.62	0.15	35.87	35.32	0.30	1.78
15-空头	35.73	0.13	35.93	35.47	0.26	2.04
16-多头	35.62	0.08	35.51	35.78	(0.11)	1.93
17-多头	35.42	0.08	35.32	35.58	0.16	2.09
空头	35.63	0.10	35.89	35.43	无效	2.09

在前述17次有效的面包—黄油交易中，有13次触及目标退出点。4次信号为避免损失而止损退出。在这段时间中，按照ATR原则，有两次信号是无效的。这一周的总收益是每股2.09美元，或者说除去佣金之后的净利润为每100股175美元。按照这个速度，交易1000股，每年将获得超过90 000美元的净收入。对于交易的1000股SSO股票而言，这个结果在一个人交易账户的部分上实现了年非复利ROI+237%。由于该结果超出了之前观察到的盯市回溯测试数据，我们可以假定这是一个例外的星期。然而，高额的收益凸显了这个非常简单方法的力量。

第6章 5分钟趋势交易系统

在我私人辅导的客户中,许多是繁忙的专家。他们不能进行全天候交易,或者他们不想如此做,但是确实想参与每日市场并追逐利润。他们在寻找一个容易交易的灵活系统,这个系统不需要任何复杂的技术分析,100%机械性且每天只能进行几分钟的交易。5分钟趋势交易系统正是这样的方法。

5分钟趋势交易系统:概述

这是我们最容易交易的系统之一。每天在开盘时,你建立一个头寸。在早晨,大概要花费3分钟的时间查看图表并建立头寸,如果市场交易价格并未触及你的止损点或目标退出点,你需要在美国东部标准时间下午4点前的2分钟里平仓。每天交易5分钟将产生平均每月+6.1%的净收益(单利)。

正如在当前交易日开盘时为趋势分析所证实那样,在这个方法中,我将重点关注前一交易日最后60至90分钟起作用的交易走势,并顺应这一趋势。因为这是一个持续的系统—或者有时也称之为趋势跟随系统——如果趋势已经为牛市,我将做多。如果趋势已经是熊市,我将做空。由于极少出现例外情况,因而每天都会进行一次交易。我使用一个简单的移动平均线交叉信号决定主要的趋势,并以百分比止损点和目标退出点监测头

第6章　5分钟趋势交易系统

寸。5 分钟趋势交易系统被设计来交易 5 分钟的图，但是它同样适用于日内 1 至 10 分钟内任意时间区间。

表 6.1 列示了 5 分钟趋势交易系统的基本统计资料。

表 6.1　5 分钟趋势交易系统统计资料

系统	5 分钟趋势交易系统
类型	持续，做多或做空
期限	一日交易，止损退出，目标或收盘
回溯测试	520 天，2008 年 1 月 1 日至 2009 年 12 月 31 日，只有 Direxion Large Cap Bull 3x Shares（BGU）
使用图表	5 分钟线，条形图或 K 线
交易	512 次交易；53%盈利，平均每次交易净收益率+0.28%
利润	每 100 股获利 6830 美元［年投资回报率（ROI）为+74%］
止损点（多头）	低于入市价 2%
止损点（空头）	高于入市价 2%
目标退出	3%的利润（选择性的）或者收盘市价（MOC）

盯市回溯测试只在 BUG 一只股票上进行，BUG 是一只主要持有大盘股的 3 倍超多头交易型开放式指数基金（ETF）。BGU 基本上与标准普尔 500 指数（S&P500）同步交易——它实际上是追踪罗素 1000 指数，但是，由于它的杠杆性，BGU 具备适用于这个交易方法的波动性。它也具有流动性。因为 BGU 是一只超多头的 ETF，它反向对应的基金，Direxion Large Cap Bull 3x Shares（BGZ）能用于进行任何 5 分钟趋势交易方法空头信号的交易。任意具备流动性和波动性的股票都适用于该方法。但是，它更适合于仅进行一只股票或 ETF 的持续性交易。

这里所列的回溯测试结果使用的是过去两年的 5 分钟图。刚超过 50%的赢率，并不理想，但是 3：2 的利润—风险比率以及该方法趋势跟随的特点，使其成为一个稳健的且具备盈利性的系统。它也是我最容易的交易系统之一。迷你电子交易者可使用同样的系统，不过止损点和目标点要相应

地进行改变。风险厌恶型交易者或许想用 SSO/SDS 替代 BGU/BGZ，这样能降低 1/3 的杠杆风险，但是那时止损点和目标点百分比也需要修正。在具有强趋势且波动的市场中，5 分钟趋势交易系统将表现更好。而在冷清且波动受限的市场中，其业绩将一般。

5 分钟趋势交易系统：参数

笔者建议，5 分钟趋势交易系统最好只用于一种股票的交易。如果你希望每天进行多次交易，可以建立一个波动性股票和 ETF 的备选清单并适时进行交易。然而，这个方法趋向于追随大市，所以具有更多头寸的多样化，并不一定能降低风险。

为使用 5 分钟趋势交易系统，请将表 6.2 列示的指标应用于你的图中。

表 6.2 5 分钟趋势交易系统图表设置

图表时间	5 分钟（也可以使用其他任意时间）
图表类型	线形图，条形图或 K 线
指标	无
叠加	20 期简单移动平均线，50 期简单移动平均线

5 分钟趋势交易

做多

·当 20 期简单移动平均值高于 50 期简单移动平均值，在当天开盘时入市

设置止损和目标退出点

·止损：入市价的 2%

·目标退出：入市价的 3%（可选择）或者 MOC

·注：如果开盘时 20 期简单移动平均值与 50 期简单移动平均值相等，则不进行交易。

第6章　5分钟趋势交易系统

5分钟趋势交易空头

做空：

·当20期简单移动平均值低于50期日简单移动平均值，在当天开盘时卖出

设置止损和目标退出

·止损：入市价的2%

·目标退出：入市价的3%（可选择）或者MOC

·注：如果开盘时20期简单移动平均值与50期简单移动平均值相等，则不进行交易。

每天在交易开盘时，根据当时的短期（20期简单）和长期（50期简单）移动平均线的位置，你可以入市或卖空所选择的交易工具。一旦交易指令得到执行，你将立刻设置2%的止损点和3%的目标退出点（后者具有可选性）。如果你的经纪人允许，而且你使用了目标退出指令，你应该将这两个命令设置为一个取消指令（OCA）。这样，如果止损点或目标退出点指令得到执行，其他命令将被取消以避免被带回到一个新的头寸。作为一种选择，你可以将2%的止损点设置为一个追踪止损点。追踪止损将降低赢的比率和总报酬，但是它们将有助于减少不可避免的损失，因而降低风险。请注意，此处列示的止损点和选择性目标退出命令的百分比是在假定这个系统使用BGU证券的条件下给出的。如果你所选择的股票或ETF的波动性大于或小于BGU，那么这些比率就需要调整。

5分钟趋势交易系统：例

图6.1至6.4包含了BGU证券2010年7月底到8月初8个交易日的5分钟趋势交易的信号。在这段时间中，波动率指数（VIX）位于21至27之间，这象征着一个适度波动的市场。在这个阶段，标准普尔500指数先是上升，然后受到卖压，接着在跳空高开之后走平，从而在非常典型的市

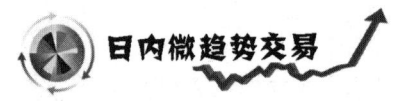

场条件下，为使用该方法提供了良好的形态。

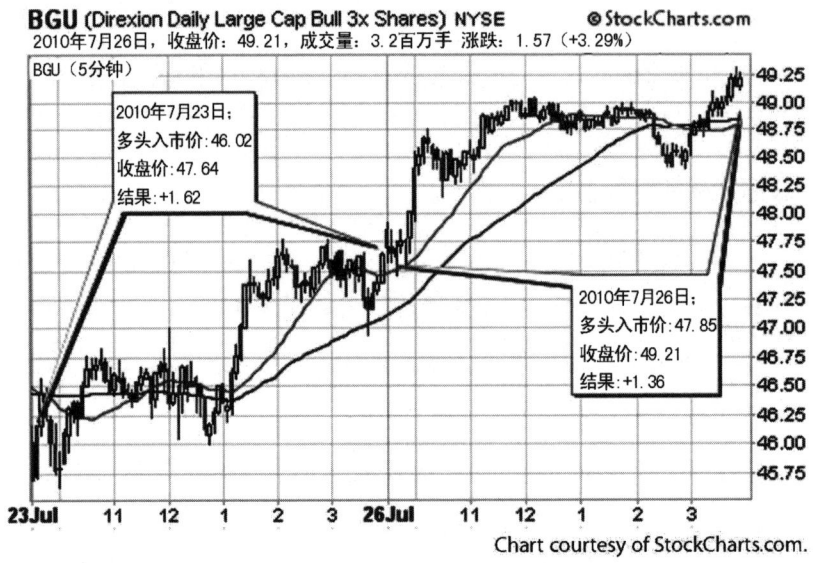

图 6.1　BGU 股票 5 分钟趋势交易信号 2010 年 7 月 23 日–26 日

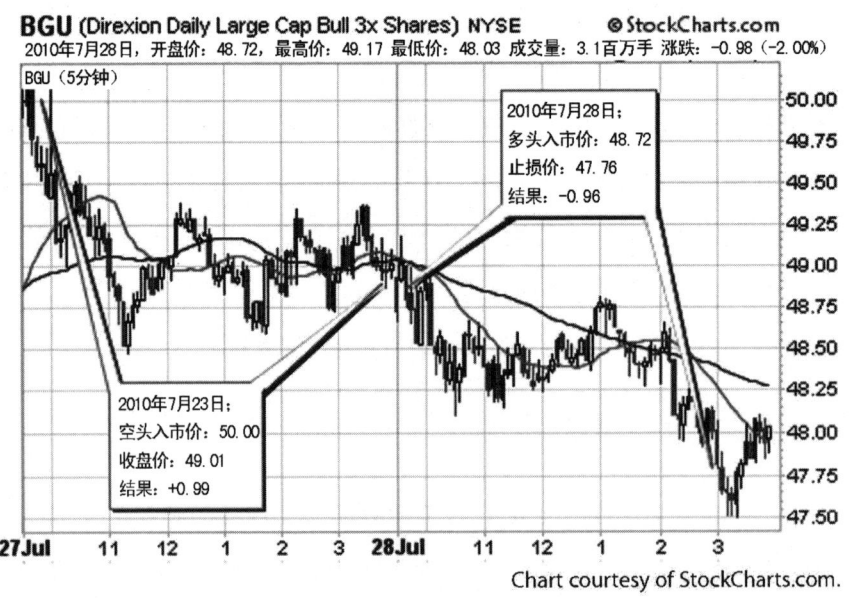

图 6.2　BGU 股票 5 分钟趋势交易信号 2010 年 7 月 27 日–28 日

第6章 5分钟趋势交易系统

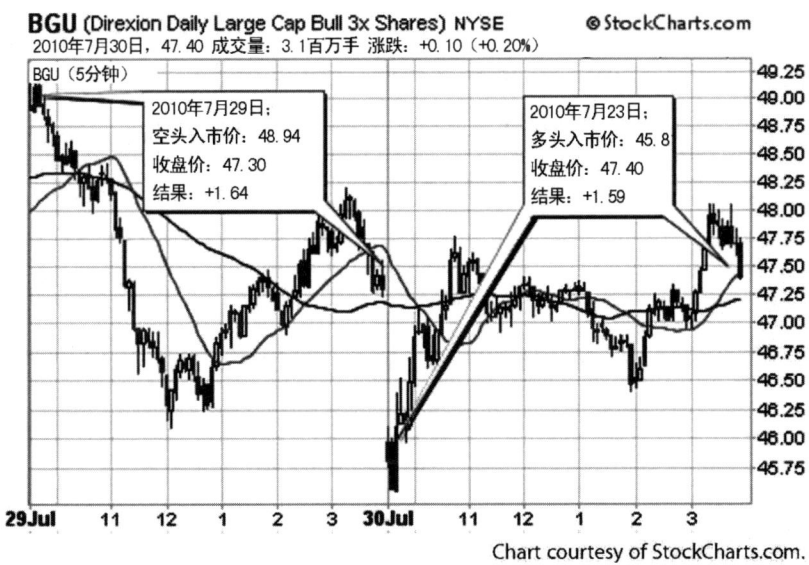

图6.3 BGU股票5分钟趋势交易信号 2010年7月29日-30日

图6.4 BGU股票5分钟趋势交易信号 2010年8月2日-3日

以上图表显示的8次交易中有6次赢利，总利润为+6.67。为了方便起见，在这些交易中我们并没有设置利润目标，但是值得注意的是，在这8次交易中，有5次触及了3%的利润目标，而达到2%止损点的交易仅有1次。除去佣金，这8次交易的净利润为每100股651美元，也就是说在那部分交易账户上的投资回报率约为13%。

正如之前所提及，这个方法的绩效趋向于在波动时间段内表现更好，而在平稳时间段内表现较差。为进行比较，我们将观察以下两组使用5分钟趋势交易系统进行交易的股票的收益率。第一组在2010年6月7日至7月2日间交易20次，在此期间VIX介于23与37之间（波动）。第二组交易是从2010年3月2日至30日，此时的VIX位于16至19之间（非常平稳）。为降低任何一次交易偏移数据的可能性，我们对两组交易都设置了3%的目标退出点和2%的止损点，此外，如果市场走势既没有触及目标退出点，也没有达到止损点，则以MOC退出。虽然这两段交易时间都能赢利，但很明显波动率指数较大的那段时间收益更高（如表6.3和6.4所示）。

表6.3 BGU 5分钟趋势交易收益（波动性市场）

类型	入市价	止损点	目标价	退出	结果	总和
1-空头	44.34	45.23	43.05	目标	1.29	1.29
2-空头	42.22	43.06	40.99	目标	1.21	2.50
3-多头	44.11	43.25	45.43	目标	1.32	3.82
4-空头	44.90	45.80	43.59	止损	(0.80)	3.02
5-多头	45.25	44.36	46.61	目标	1.36	4.38
6-多头	48.39	47.44	49.84	止损	(0.95)	3.43
7-空头	48.07	49.03	46.67	止损	(0.96)	2.47
8-多头	49.54	48.57	51.03	50.09	0.55	3.02
9-空头	50.68	51.69	49.20	目标	1.48	4.50
10-空头	50.56	51.57	49.09	50.37	0.19	4.69
11-多头	52.31	51.28	53.88	止损	(1.03)	3.66

类型	入市价	止损点	目标价	退出	结果	总和
12-空头	49.87	50.87	48.42	目标	1.45	5.11
13-空头	47.45	48.40	46.07	目标	1.38	6.49
14-多头	46.25	45.34	47.64	止损	(0.91)	5.58
15-空头	44.84	45.74	43.53	止损	(0.90)	4.68
16-多头	45.29	44.40	46.65	止损	(0.89)	3.79
17-空头	42.78	43.64	41.53	目标	1.25	5.04
18-空头	40.11	40.91	38.94	止损	(0.80)	4.24
19-空头	39.23	40.01	38.09	目标	1.14	5.38
20-多头	39.11	38.46	40.41	止损	(0.65)	4.73

表6.4 BGU 5分钟趋势交易收益（平稳市场）

类型	入市价	止损点	目标价	退出	结果	总和
1-多头	55.37	52.32	54.97	53.16	(0.19)	(0.19)
2-空头	53.66	52.61	55.27	53.30	0.36	0.17
3-多头	53.56	52.51	55.17	53.74	0.18	0.35
4-多头	54.85	53.77	56.50	56.01	1.16	1.51
5-多头	56.14	55.04	57.82	56.08	(0.06)	1.45
6-空头	55.53	56.64	53.91	止损	(1.11)	0.34
7-多头	56.54	55.43	58.24	57.18	0.64	0.98
8-多头	56.88	55.76	58.59	57.82	0.94	1.92
9-多头	58.67	57.52	60.43	止损	(1.15)	0.77
10-空头	57.65	58.80	55.97	57.86	(0.21)	0.56
11-多头	58.45	57.30	60.20	59.41	0.96	1.52
12-多头	59.99	58.81	61.79	60.52	0.53	2.05
13-多头	60.55	59.36	62.37	60.17	(0.38)	1.57
14-多头	60.69	59.50	62.51	止损	(1.19)	0.48
15-空头	58.24	59.40	56.54	止损	(1.16)	(0.68)

类型	入市价	止损点	目标价	退出	结果	总和
16-多头	59.25	58.09	61.03	60.24	0.99	0.31
17-多头	59.51	58.34	61.30	59.29	(0.22)	0.09
18-空头	60.51	61.72	58.75	目标	1.76	1.85
19-空头	59.77	60.97	58.03	59.98	(0.20)	1.65
20-多头	60.21	59.03	62.02	60.13	(0.08)	1.57

利用 BGU 在 2010 年 6 月至 7 月使用 5 分钟趋势交易系统的 20 次交易中出现 11 次赢利，总收益率为 4.73，或者说除去佣金后的净利润为每 100 股 433 美元。按照 45.76 的平均入市价计算，该交易的净投资回报率（ROI）在一个月内为 9.5%。用相同的 ETF，采用同样的方法，在 2010 年 3 月的平稳市场中，总收益仅为 1.57，或扣除佣金之后的净利润为每 100 股 117 美元。以 57.70 的平均入市价计算，在平稳市场中交易的净投资回报率在一个月内为+2.0%。这两组交易的平均收益精确地向我们描述了我们可以期待这个系统什么：大约一半的交易可以赢利，而且每天每次交易的平均净收益约为 25 至 30 个基点。长此以往，将会产生很大的收益。例如，如果你能交易 1000 股 BGU，仅使用这一方法，在以上两段时间中你的净利润将达到 5 500 美元，或者每年大约33 000美元。每天只工作 5 分钟以下，这挺不错的！

第 7 章　VIX 逆转系统

几年前，我开始测试各种不同的逆转系统。逆转系统能以最快的方式产生交易利润，因为它们利用了股票的每一次变动，既包括上升也包括下降，而不只是朝一个方向或另一个方向的单向变动。逆转系统需要你投入全部时间在一只股票或交易型开放式指数基金（ETF）上，或者做多或者做空。系统所产生的信号会告知你改变目前的头寸，从多头到空头或者相反。逆转系统通常不使用止损点和目标点，因为这个系统的信号自身就能降低风险。

前文中，我曾详细地介绍过波动率指数。从设计来看，波动率指数是一个前瞻性工具。它是资金经理人和大额交易者预期标准普尔 500 指数下个月回报率的一个读数。波动率指数计算中的关键变量是标准普尔 500 指数价外看涨看跌期权的隐含波动值。图 7.1 显示了波动率指数的精确计算公式（来源于芝加哥期权交易所（CBOE）网站）。

$$VIX = 100\sqrt{(365/30)[wP_1 + (1-w)P_2]}$$

其中，

$$P = 2e^{rt}[\sum_{0}^{K_0}(\Box K/K^2)put_K + \sum_{K_0}^{\infty}(\Box K/K^2)call_K] - (F_0/K_0 - 1)^2$$

图 7.1　VIX 的计算

我并不了解这些参数的意思。然而，这些参数是价外看涨和看跌期权的价格波动空间。伴随着标准普尔500指数价外期权价格上涨，VIX也上涨。上升的波动率指数，意味着专业资金管理人预期目前的价外期权的敲定价格在到期时应能赢利。而下降的波动率指数则表示同样的资金管理人预期价外看涨和看跌期权在到期时一文不值。虽然这些信息似乎并不能用于交易，但是这意味着大额资金交易者愿意为对冲他们的头寸，而日益增加的未必发生的保险对冲支付得更多。因此，VIX是度量专业交易者市场恐惧程度的一个读数。恐惧驱使市场价格走低，但是贪婪则推动市场价格走高。当然，大额资金交易者并不总是正确，但是由于他们的基金可以强有力地推动市场，我们似乎可以利用VIX读出了他们的想法，而获取可观的微趋势交易收益。

此处描述的波动率指数逆转系统，是我在波动性市场中赢利最多的方法。它试图将波动率指数的当日方向性逆转，应用于一个杠杆ETF。由于VIX趋于与标普500指数走势相反，所以当VIX逆转下降时，我买进ETF。当VIX逆转上升时，我卖出ETF或者入市它反向的配对证券。由于我一直在关注日内图和在交易日随时都可能出现的逆转信号，因此这个方法需要持续关注图形。此外，这个方法也适用于较长期图（比如，60分钟图），只需要每小时检查一次系统的信号。然而，根据我的经验，所选择的图形时间距5分钟越远，系统表现越差。为使该系统收益最大，你需要整天进行交易。

VIX逆转系统：概述

这个系统是非常简单的。它在VIX 5分钟图上设置了两个不同的移动平均线。当这些移动平均线穿过5分钟收盘价条形线下端时，我将得到入市一种与标准普尔500指数相关的杠杆ETF的信号。当VIX穿过任意5分钟条形图收盘价的上端时，这是卖空ETF或入市反向ETF的信号。我个人喜欢在VIX在底端时交叉时入市Direxion Large Cap Bull 3x

Shares（BGU）（见第六章），在 VIX 顶端交叉时入市 Direxion Large Cap Bear 3x Shares（BGZ）（BGU 的反向证券）。考虑到隔夜波动性风险，系统需要我在收盘前结束所有交易，并在开盘后出现第一个反转信号时开始新的交易。

表 7.1 提供了 VIX 逆转系统进行一个 6 个月回溯测试的基本统计资料。

表 7.1 波动率逆转系统统计资料

系统	VIX 逆转系统
类型	逆转，多头或空头
期限	当日交易，在逆转信号出现时或收盘时退出
回溯测试	6 个月，2010 年 1 月 1 日至 6 月 30 日，仅 BGU
使用图表	VIX 的 5 分钟线、条形图和 K 线
交易	624 次交易：56%赢单率，平均每次交易+0.25 的收益
利润	每 100 股 7020 美元（年化投资回报率+302%）
止损点（多头）	出现信号时，逆转卖空
止损点（空头）	出现信号时，逆转做多
目标退出点	收盘市价（MOC）

需要指出的是，由于这个系统会产生大交易量——每个交易日至少 5 次——因此我只进行了一个为期 6 个月的盯市回溯测试。但是自 2008 年早期以来，我就开始断断续续地使用该系统进行交易，而且我能证明该系统在各种类型的市场中都能赢利。当标准普尔 500 指数缓慢而稳定地爬升，同时 VIX 由于价外期权费几乎没有变化而跌至 15 以下时，将是亏损月。如果波动率指标自身缺乏波动性，系统将起伏不定。而起伏不定为任何一个逆转系统敲响了丧钟。尽管如此，前面的回溯测试仍包括了 2010 年 3 月至 4 月，这段时间 VIX 陷入并保持在低值水平。2010 年 5

月至 6 月的市场走势比较适用于该系统。总共进行了 208 次交易，其中 119 次赢利，扣除佣金之后的总收益率为 55%。前述的回溯测试年化总回报率则超过 300%。相比于时不时地点击鼠标，这个结果无疑非常不错。

VIX 逆转系统：参数

为使用 VIX 逆转系统进行交易，请将表 7.2 列示的指标运用到你的图中。

表 7.2 带有信号移动平均线的 VIX 逆转图表

图表时间	5 分钟，VIX
图表类型	线形图、条形图、K 线
指标	无
叠加	5 期简单移动平均线，15 期简单移动平均线，BGU（可选择）

为该系统设置图表似乎有点复杂。首先，你需要在图表上设置 5 分钟波动率指数；其次，在图上叠加两条移动平均线：5 期和 15 期简单移动平均线。下一步，将 VIX 自身隐去。该项工作可以在 StockCharts.com 上轻松完成，只需使用"类型"下的下拉按钮并选择"隐去"。一旦你已经将波动率指数隐去，就只能看到两条移动平均线。我喜欢将短期移动平均线（5 期简单）设置为虚线，并将信号线（15 期简单）设置为实线。这样，它们在图表上的交叉情况将清晰可见。如果你想尝试，你可以在 BGU 或者任何你打算交易的 ETF 图表上设置两条移动平均线，并将背景色调浅以免影响观察波动率指数信号。你的信号图应与图 7.2 类似。

第 7 章　VIX 逆转系统

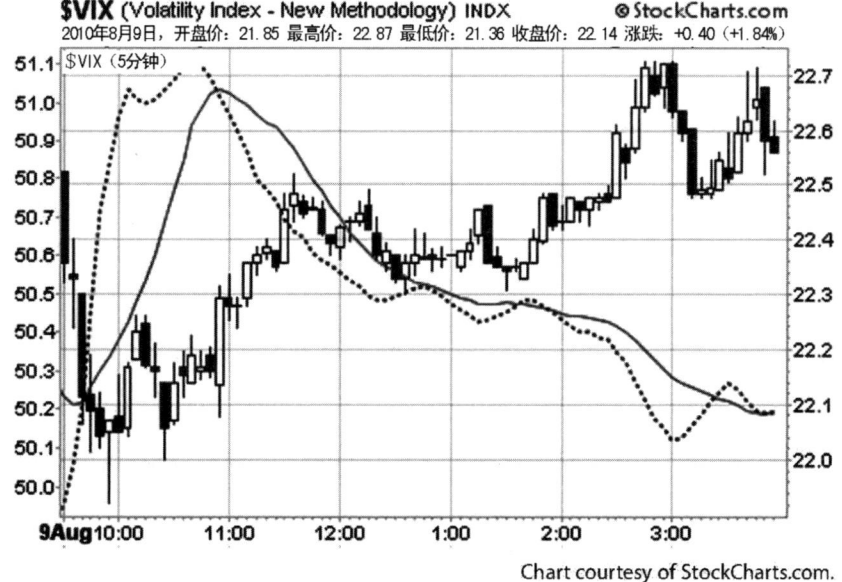

图 7.2　具有信号移动平均线的波动率逆转系统

VIX 逆转系统

开盘后，当 VIX 的 5 分钟图上第一次出现如下信号时，建立 BGU（或 SSO）的新头寸，多头或空头，这里信号定义为：

·多头：当 VIX 的 5 期简单移动平均线由 VIX 的 15 期简单移动平均线的下方与其交叉时

·空头：当 VIX 的 5 期简单移动平均线由 VIX 的 15 期简单移动平均线的上方与其交叉时

逆转和收盘市价退出

·在每一个新信号出现时，逆转头寸（多头转为空头或空头转为多头）

·在交易收盘时退出任何头寸

再次申明，这个系统是用来利用市场波动性的。只要波动率指数超过20，系统将会赢利。当 VIX 高于 30 时，该系统将比其他大多数微趋势交易系统表现得更好。因此，当 VIX 低于 20 时，或许最好不要使用该方法。

VIX 逆转系统：例

图 7.3 展示的是附加有 VIX 交叉信号的 BGU（K 线）。注意，2010 年 7 月 23 日是一个波动比较大的一天，一共进行了 4 次交易。其中，前两次信号和第四个信号给我们造成了小的损失，而第三次交易拯救了一天，交易 100 股总的净利润为 46 美元。

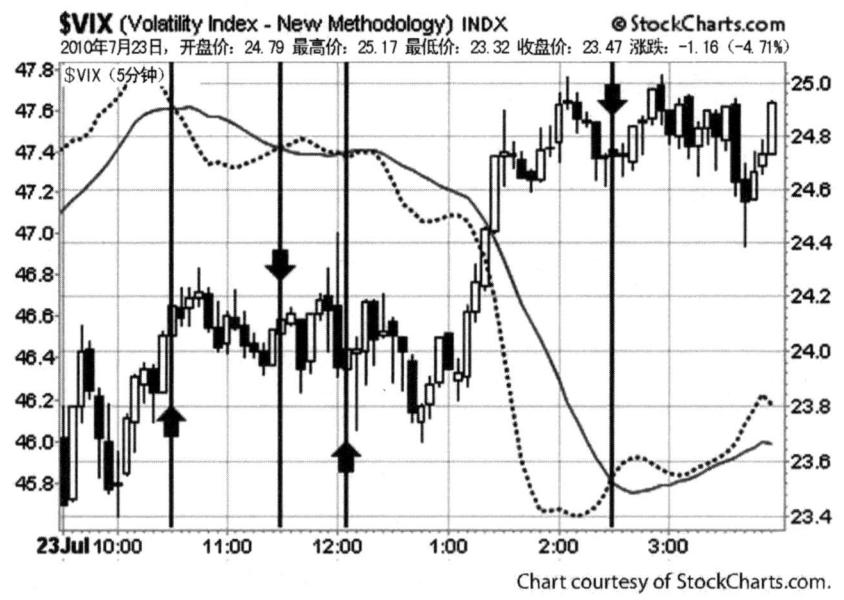

图 7.3　带有交叉信号的 VIX 逆转图，2010 年 7 月 23 日

下面让我们观察一下 VIX 逆转系统起作用的其他例子。2010 年 8 月 16 日，星期五，标准普尔 500 指数走势波动不定，交易报价相近。就在

熊市出现的前两天，大盘股指数下跌超过 3%。星期五，牛股仓促构建价格支撑位以抵抗持续的抛售压力。虽然那天大多数波动性交易者比较沮丧，但是微趋势交易者使用 VIX 逆转系统在如图 7.4 所示的 4 个交易信号处交易获得了净收益。即使小的波动区间，并没有产生使该方法超常表现的波动性，在那个交易日结束时，VIX 逆转系统四次交易中的两次赢利性交易，净收益达到每 100 股 28 美元。

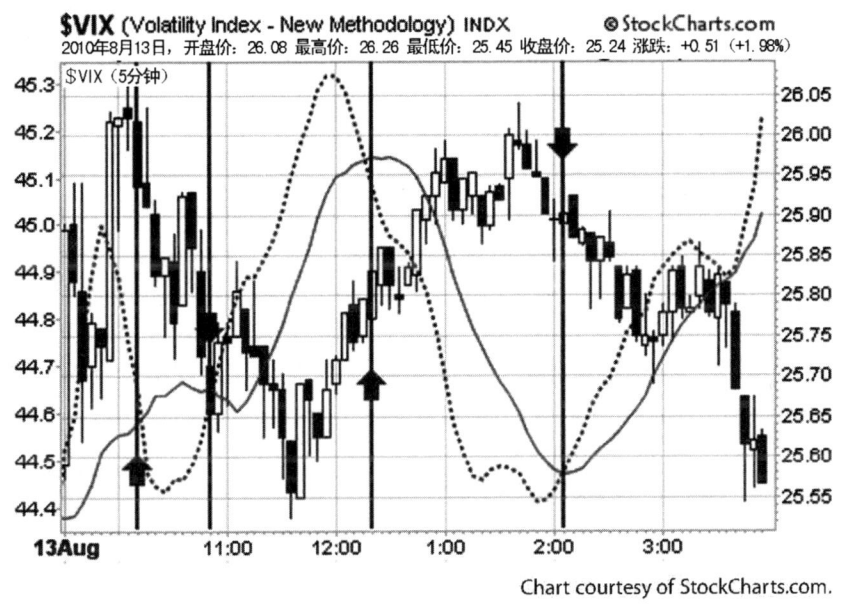

图 7.4 带有交叉信号的 VIX 逆转图，2010 年 8 月 13 日

另一个例子出现于 8 月 16 日，市场在跳空低开之后进入逆转模式。跳空低开消耗了抛售者的能量，市场最终为入市者接管。那天，VIX 逆转系统触发了 5 次交易信号（图 7.5）。其中，3 次交易出现赢利，总收益为交易每 100 股 67 美元。

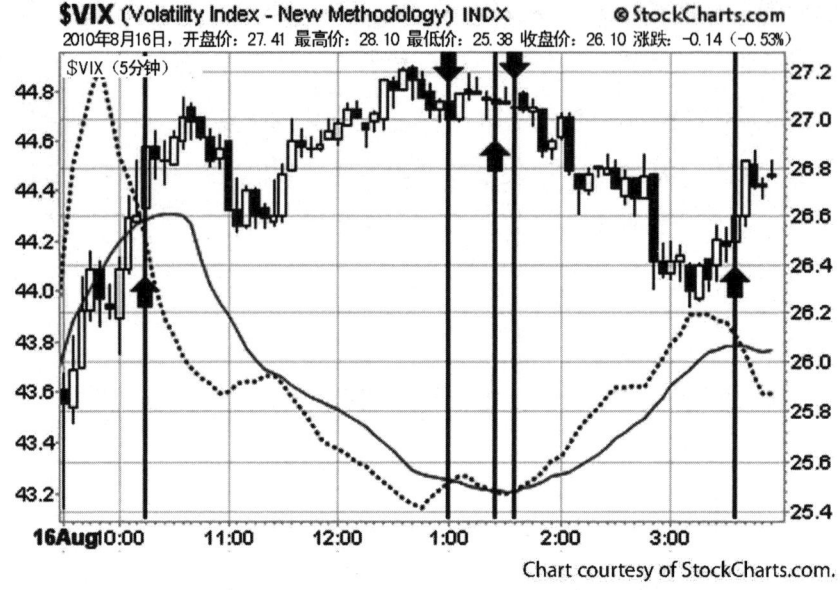

图 7.5　带有交叉信号的 VIX 逆转图，2010 年 8 月 16 日

很明显，VIX 逆转系统在 8 月 16 日表现不佳。即使在开盘时入市 BGU 并在收盘时卖出，每 100 股的交易也能收益 87 美元。这显然比 VIX 逆转系统 67 美元的回报要好，而且还没有考虑整天坐在电脑前观察图表的机会成本。但是，对于以上讨论的两个连续交易日，VIX 逆转系统在 9 次平仓交易中实现了（包含佣金）总收益 95 美元。如果你在 8 月 13 日开盘时入市 100 股 BGU，并在 8 月 16 日收盘时卖出，你仅得到 1 美元的佣金前总收益。因此，变为积极的微趋势交易者，你将能够增加你的利润接近于百分之 1000。此外，你绝对承担了零隔夜风险。如果你想拥有一个能用于交易，如 ATM 机般 100% 机械化的系统，这个系统能满足这个要求。

再次强调，这是一个适用于波动性市场的系统。你必须看到 VIX 走高（>20，最好更高），且 BGU 或 SSO 波动幅度增大。当其中任何一个条件得不到满足时，该方法将表现欠佳。典型的例子发生于 2010 年 8 月

17日。波动率指数重返前一周的数值区间，在21至29间波动。之前，在牛市主导市场后，波动率指数跌至20之下。在8月17日，BGU触发了7次信号，这是个不同寻常的数字。图形如图7.6所示。

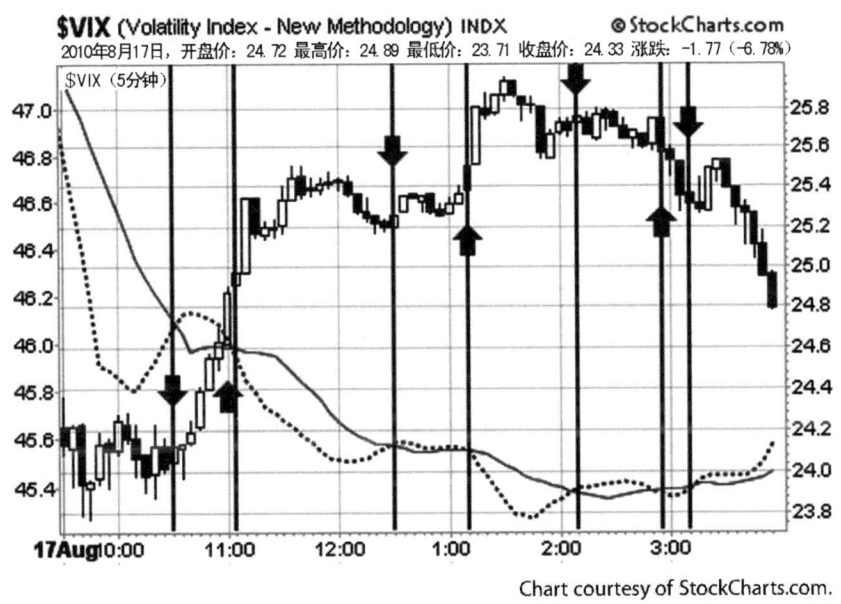

图7.6 带有交叉信号的VIX逆转图，2010年8月17日

在这7次交易中，只有3次赢利。最终，该交易日每100股损失可控制的27美元（包含佣金）。系统完全可能显示许多这样的交易日，甚至能找出起伏不定主导市场的数个月份。在市场波动率指数较低时，停止使用该方法即可避免损失。然而，好消息是，已经持续了三年的目前的波动性水平，短期内不会消失。事实上，我预计未来几年，我们将会看到作为规范读数的VIX将会是25左右，甚至更高。

表7.3显示了2010年6月对VIX逆转系统一个月测试的一组完整真实的交易。图中阴影的价格数据是BGU的收盘价，因为按照该系统的信号，我们总是在收盘时退出。

表 7.3　VIX 逆转系统交易，2010 年 6 月

类型	入市价	反转	结果	总计
多头	44.35	43.90	(0.45)	(0.45)
空头	43.90	43.74	0.16	(0.29)
多头	43.74	43.77	0.03	(0.26)
空头	43.77	42.08	1.69	1.43
多头	42.23	41.85	(0.38)	1.05
空头	41.85	41.48	0.37	1.42
多头	41.48	42.30	0.82	2.24
空头	42.30	42.42	(0.12)	2.12
多头	42.42	41.95	(0.47)	1.65
空头	41.95	41.82	0.13	1.78
多头	41.82	42.21	0.39	2.17
空头	42.21	42.70	(0.49)	1.68
多头	42.70	43.22	0.52	2.20
空头	44.02	43.96	0.06	2.26
多头	43.96	45.02	1.06	3.32
空头	45.02	42.68	2.34	5.66
多头	45.11	45.25	0.14	5.80
空头	45.25	45.62	(0.37)	5.43
多头	45.62	45.22	(0.40)	5.03
空头	45.22	45.11	0.11	5.14
多头	45.11	45.37	0.26	5.40
空头	45.37	45.61	(0.24)	5.16
多头	45.61	46.43	0.82	5.98
空头	45.24	46.18	(0.94)	5.04
多头	46.18	46.09	(0.09)	4.95
空头	46.09	46.19	(0.10)	4.85
多头	46.19	46.25	0.06	4.91
空头	46.25	46.27	(0.02)	4.89
多头	46.27	46.31	0.04	4.93

类型	入市价	反转	结果	总计
空头	46.31	46.23	0.08	5.01
多头	46.23	47.18	0.95	5.96
空头	48.75	48.27	0.48	6.44
多头	48.27	48.03	(0.24)	6.20
空头	48.03	47.97	0.06	6.26
多头	47.97	47.32	(0.65)	5.61
空头	47.32	47.01	0.31	5.92
多头	48.34	48.78	0.44	6.36
空头	48.78	48.80	(0.02)	6.34
多头	48.80	49.25	0.45	6.79
空头	49.25	49.78	(0.53)	6.26
多头	49.78	49.67	(0.11)	6.15
空头	49.67	49.80	(0.13)	6.02
多头	49.80	50.18	0.38	6.40
空头	49.44	49.63	(0.19)	6.21
多头	49.63	50.10	0.47	6.68
空头	50.10	50.22	(0.12)	6.56
多头	50.22	50.56	0.34	6.90
空头	50.56	50.08	0.48	7.38
多头	50.64	49.88	(0.76)	6.62
空头	49.88	49.18	0.70	7.32
多头	49.18	49.38	0.20	7.52
空头	49.38	49.43	(0.05)	7.47
多头	49.43	49.77	0.34	7.81
空头	49.77	49.64	0.13	7.94
多头	49.64	50.27	0.63	8.57
空头	50.51	50.33	0.18	8.75
多头	50.33	50.08	(0.25)	8.50
空头	50.08	50.24	(0.16)	8.34
多头	50.24	50.40	0.16	8.50

类型	入市价	反转	结果	总计
空头	50.40	49.78	0.62	9.12
多头	49.78	49.67	(0.11)	9.01
空头	49.67	49.80	(0.13)	8.88
多头	49.80	50.18	0.38	9.26
空头	51.75	51018	0.57	9.83
多头	51.18	50.50	(0.68)	9.15
空头	50.50	49.84	0.66	9.81
多头	49.85	49.92	0.07	9.88
空头	49.92	49.92	0.00	9.88
多头	49.92	49.31	(0.61)	9.27
空头	49.31	47.33	1.98	11.25
多头	46.70	46.33	(0.37)	10.88
空头	46.33	46.58	(0.25)	10.63
多头	46.58	46.85	0.27	10.90
空头	46.85	47.00	(0.15)	10.75
多头	47.00	46.86	(0.14)	10.61
空头	45.95	45.62	0.33	10.94
多头	45.62	44.99	(0.63)	10.31
空头	44.99	45.60	(0.61)	9.70
多头	45.60	45.69	0.09	9.79
空头	45.69	44.51	1.18	10.97
多头	44.65	44.38	(0.27)	10.70
空头	44.38	44.35	0.03	10.73
多头	44.35	45.48	1.13	11.86
空头	45.48	45.12	0.36	12.22
多头	44.56	45.11	0.55	12.77
空头	45.11	44.94	0.17	12.94
多头	44.94	44.97	0.03	12.97
空头	44.97	44.57	0.40	13.37
多头	41.27	40.92	(0.35)	13.02

第 7 章　VIX 逆转系统

类型	入市价	反转	结果	总计
空头	40.92	41.24	(0.32)	12.70
多头	41.24	40.83	(0.41)	12.29
空头	40.83	40.42	0.41	12.70
多头	40.27	40.87	0.60	13.30
空头	40.87	40.88	(0.01)	13.29
多头	40.88	40.45	(0.43)	12.86
空头	40.45	39.10	1.35	14.21
多头	37.92	38.79	0.87	15.08
空头	38.79	38.92	(0.13)	14.95
多头	38.92	38.23	(0.69)	14.26
空头	38.23	38.68	(0.45)	13.81
多头	38.68	38.75	0.07	13.88
空头	38.48	38.08	0.40	14.28
多头	38.08	37.56	(0.52)	13.76
空头	37.56	37.90	(0.34)	13.42
多头	37.90	38.12	0.22	13.64

以上针对 VIX 逆转系统在 20 个连续交易日（2010 年 6 月）的实际交易测试，获得的总收益为每 100 股 1 364 美元，或者说净利润为 1 154 美元（每个交易日收益 57.7 美元）。若交易 1000 股，每月将获得 11 540 美元的收入，或者每个交易日 577 美元。在为期一个月的测试中，一共产生 105 次交易信号，平均每个交易日 5.3 次。在这 105 次交易中，59 次出现赢利（56% 的赢单率），45 次损失还有一次持平。在此期间，VIX 位于低点 22.87 和高点 37.38 之间，表明是一个相当波动的市场。由于测试期间 BGU 的平均入市价为 45.72 美元，这个方法的净投资回报率为 25.2%，或年化收益率为 302.4%。

第8章 午餐微利系统

午餐微利系统是我的最流行的交易方法之一。在我私人辅导的客户中,许多人在午餐时间进行交易,因为这是他们唯一有空的时间。中午时分,他们带着笔记本电脑以及在地铁站买的三明治,在职员休息室找一个安静的角落。然后,他们登录他们的在线经纪账户,打开图形软件并开始进行交易。当他们的同事聚在一起谈论最近一期的美国偶像淘汰赛中的冷笑话时(现在是否真有人这么做),他们却忙于在资本市场赚取小额利润。

大多数日交易者都知道,在开盘到收盘的六个半小时中,交易量并非均匀的。日交易者喜欢谈论交易日各种各样的时间段。每一个时间段都以朝一个方向的既定趋势所刻画,而过渡时间段则是市场趋向于逆转方向之时。大多数日交易者将交易日(上午9:30至下午4:00,东部标准时间)分为6个或更多的时间段。现在甚至出现了一种时钟,它在各个时间段涂上了不同的颜色,以醒目地提醒交易者市场目前所处的时间段。

在这些时间段中,中午时间段(上午11点至下午2点)比较不同。尽管上午11点之前和下午2点之前的时间段被期望显示强大的趋势特征,中午的几个时间段则被认为是低交易量波动时间。所谓的午间低迷传说是这样的,在此期间,专业交易者离开纽约证券交易所(NYSE)

现场和会员交易室，在返到交易室进行更多交易之前，他们走向 Delmonico 或者 Cipriani 享用大块牛排和马丁尼酒（交易失败者将去 Cafe Bravo）。由于大额资金交易者的离开，所以人们认为交易量和方向性走势的动能下降。

时间段交易理论具有一些优点，但是今天它已不像以前那么可信。随着在线交易的出现，美国股市成为全球性股市。在任何交易时间，交易者将从不同的地点登录，从萨克拉门托到新加坡，从波士顿到北京。全天候进入美国股市，造就了交易日中非常不同的动态指令流。一旦午间市场出现混乱，就会出现一些结构。午间时间段的价格运动会巩固上午时间段设法产生的任何趋势，这仍是正确的。而且，它们经常出现在下午强方向性变动之前。但是，现在的午间巩固更多的是价格变动而非量能流动的结果。有时候，在上午的清淡交易之后，午间时间积聚了所有来自海外的增加的交易量，走势强劲。午餐时间交易者可利用这一加强的交易结构，关注在这一时间段每天出现的微趋势获利的机会。

在我的研讨班中，我讲过午餐微利系统，它需要交易者钻研微图表——3 分钟图表，2 分钟图表，甚至 1 分钟图表——以增加交易机会。正如你下面看到的，你将发现 5 分钟图表也适用于该方法，但是相比更短的时间期间，它将产生更少的交易。此外，还需要强调的是，在这种更低水平下，由于每个条形图小的交易量，技术指标表现欠佳。因此，对于午餐微利方法，我喜欢仅基于价格变动使用该方法。在技术方面，我将舍弃所有的指标——我的所有移动平均线及量能分析——并仅专注于价格分析。

午餐微利系统：概述

这个系统比较简单，但是需要一定解读图形的能力。入市和卖出信号蕴含于两种特殊的价格模式中，所以善于识别出现于图表中的价格模式是非常重要的。我曾试图将这种模式识别尽可能机械化，但是每次交

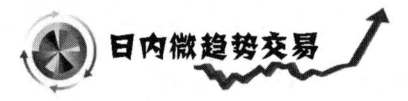

易总包含一些主观成分。随着时间的推移，使用该方法的经验将使这些主观成分转变为赢利性工具。

建立一个成功的午餐系统的关键是将利润目标保持在低水平。这是它被称之为微利系统的原因。微利系统的目标是在非常短期的交易中，依靠价格小幅波动，以获取小额利润，并在交易日不断进行交易。回到分数股价的日子，专业微利交易者常参考 teenie。1teenie 是每股 1 美元利润的 1/16。其大约为 6 美分。追求 teenies 的微利交易者可能在一天中设置数百个交易价位，尽他们可能更多地对银行的出价/要价差进行交易。交易 1000 股，佣金后每次获净利 50 美元。在好的一天，一个专业的微利交易者的赢利交易将超过 100 次。

采用 teenies 进行微利交易的问题是止损点设置在何处。如果你设置 1/16 的止损点和目标退出点，即使是在盈亏平衡系统中，触及其中之一的概率大概是50∶50。然而，如果你设置一个更宽的止损点，方法不会产生太多的损失而擦掉你的收益。因此，我的方法将寻找大于 teenie 的止损点和目标退出点。对于目标退出点的管理，我有一个简单且行之有效的方法。我使用真实波动幅度均值（ATR）来决定目标退出点和初始止损点，并通过追踪止损点以最大化我的利润—损失比。按照这种方式，如果市场走势立即与我的设想相反，我有一个确定的风险。如果市场走势如我最初所愿，但是后来在触及目标退出点前出现逆转，我有一个降低了的风险。将这个风险管理方法和一个具有超过 60% 赢单率的交易设置结合起来，我在午餐时间有了一个非常赢利的途径。

仔细回溯测试任何微利交易方法都是冗长乏味的任务。相反，我决定使用该系统实际交易几个星期，以便观察它在不同市场条件下的表现。因为同一时间，我在使用其他方法进行交易，且不能监控多种股票或其他更短的时间区间，所以我只用了 BGU 的 3 分钟图。我只在上午 11 点至下午 2 点间进行了有效设置，因为我想模仿我们的午餐交易者回报的类型。表 8.1 列示了午餐微利系统的基本统计资料，它们是我真实、实时对 BGU 进行为期 2 个月的回溯测试之后的总结。

表 8.1　午餐微利系统统计资料

系统	午餐微利系统
类型	回调，多头和空头
期限	当日交易，目标退出点或止损点
回溯测试	42 天：2010 年 5 月 8 日至 7 月 8 日，只使用 BGU
使用图表	只使用上午 11 点至下午 2 点的 3 分钟图
交易	236 次交易：62%的赢单率，每次交易+0.57 净收益
利润	（年化）收益为每 100 股 5690 美元（年投资回报率 127%）
止损点（多头）	入市价-1×ATR（14），追踪
止损点（空头）	入市价+1×ATR（14），追踪
目标退出点	1×ATR（14）

利用 BGU 3 分钟图，午餐微利系统在 42 个交易日中进行了 236 次交易，平均每天交易 5.6 次。其中，101 次多头，135 次空头。凭借 62%的赢单率，它是我更持续赢利的方法之一。该方法也适用于 5 分钟图，在 2 个月内产生了 139 次交易（大约每个交易日 2-3 次）。通过这些数据，我们可以假定，如果按比例缩小至 2 分钟图，其他条件不变，该方法将产生约 355 次交易，平均每天 8.5 次。如果使用 1 分钟图，该系统将产生 710 次交易，平均每天交易约 17 次。在每一种情况下，若使用 100 股 BGU 进行交易，扣除佣金，你每天将获得大约 22 美元的净利润，或者每月 470 美元。由于微利交易者通常进行大额交易——1000 股或者更多——该方法将使你获利更多。

午餐微利系统：参数

为使用午餐微利系统进行交易，请进行如表 8.2 所示的图表设置。

表 8.2　午餐微利系统图表设置

图的时间	5/3/2/1 分钟，BGU 或其他具有波动性和流动性的证券
图的类型	K 线
指标	ATR（14）
叠加	无

午餐微利系统图的设置不很容易。既没有指标，也没有叠加。你无须关注成交量。我只将缺省的以 14 为周期的 ATR 加入图中。ATR 数值将被用于设置追踪止损点和目标退出价格。交易设置来源于价格走势图自身。我们在寻找一个扩展的走势之后的价格快速反转信号，有些交易者称之为瀑布变动。瀑布变动由三个或更多未被阻断的 K 线组成，它们有着同样的颜色和形状，并向同一个方向变动。如果你能指出其中三个，你就能识别这种设置。

下面将介绍午餐微利系统的设置是如何起作用的。

午餐微利方法：多头

在东部标准时间上午 11 点和下午 2 点之间，以目前的 5 分钟或 3 分钟或 2 分钟或 1 分钟 K 线的收盘价入市 BGU（或者其他具有波动性和流动性的证券）。

- 在至少出现 3 根连续的红色或黑色的 K 线（收盘价低于开盘价）之后，且
  - 每一根红色或黑色 K 线的开盘价低于前一根 K 线的开盘价，且
  - 每一根红色或黑色 K 线的收盘价低于前一根 K 线的收盘价，且
  - 每一根红色或黑色 K 线具有实体（即，它不是十字星），且
  - 目前的 K 线为绿色或白色（收盘价>开盘价），或者是十字星（收盘价＝开盘价）

设置追踪止损点和目标退出点

· 止损点：入市价 - [1×ATR（14）追踪]

· 目标退出点：入市价 + [1×ATR（14）]

· 注：只要目前的 K 线处于东部标准时间上午 11 点至下午 2 点之间，设置就有效。

午餐微利方法：空头

在东部标准时间上午 11 点和下午 2 点之间，以目前的 5 分钟或 3 分钟或 2 分钟或 1 分钟 K 线的收盘价卖空 BGU（或者其他具有波动性和流动性的证券）。

· 在至少出现 3 根连续的绿色或白色的 K 线（收盘价>开盘价）之后，且

· 每一根绿色或白色的 K 线的开盘价高于前一根 K 线的开盘价，且

· 每一根绿色或白色 K 线的收盘价高于前一根 K 线的收盘价，且

· 每一根绿色或白色的 K 线具有实体（即，它不是十字星），且

· 目前的 K 线为红色或黑色（收盘价<开盘价），或者是十字星（收盘价=开盘价）

设置止损点和目标退出点

· 停止点：入市价 + [1×ATR（14）追踪]

· 目标退出点：入市价 - [1×ATR（14）]

· 注：只要目前的 K 线处于东部标准时间上午 11 点至下午 2 点之间，设置就有效。

如果你对 K 线图中 K 的实体不熟悉，请看图 8.1。

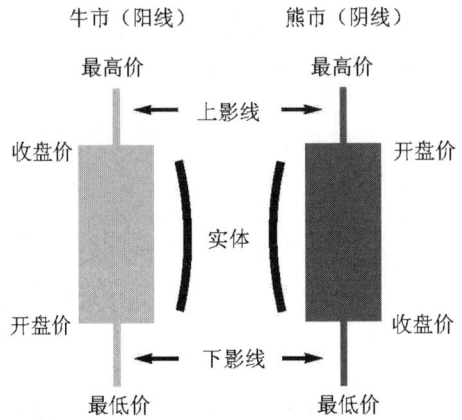

图 8.1 K 线图中的实体：（左边）牛市（阳线），（右边）熊市（阴线）

午餐微利系统：例

由于 StockCharts.com 不支持任何时间区间介于 1 分钟和 5 分钟间的 K 线图，我将展示一些午餐微利系统的 5 分钟 K 线图。我们必须认识到，3 根以上 K 线瀑布模式将以不同的形式显现，但是它们都必须遵从之前所列的规律。图表上的水平线被置于图中标示的东部标准时间上午 11 点至下午 2 点，午餐时间。

图 8.2 的 K 线图显示 2010 年 8 月 5 日 BGU 走势非常平稳。波动率指数（VIX）为 23，标准普尔 500 指数一整天都在 8 个点的小范围内震荡。

第 8 章　午餐微利系统

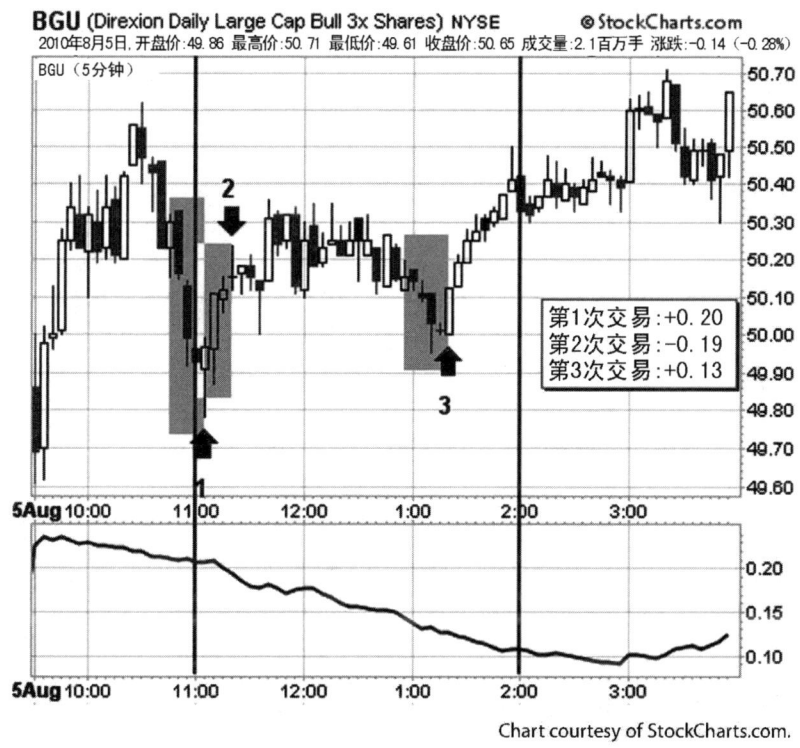

图 8.2　午餐微利多头交易，2010 年 8 月 5 日

如果你观察这张图，你将看到 3 次午餐微利交易：第一次是在 11：05 的赢利性多头，第二次是在我们退出多头头寸时同一条形图上进行不赢利的卖空设置，最后一次是在下午 1：20，另外一次赢利性多头。由于追踪止损点将第二次交易的损失限制在 0.05 美元，这个交易日最终赢利（每 100 股获利 28 美元）。

由于市场对联邦公开市场委员会下午发出的利率公告反应强烈，我的第二个图例（图 8.3）显示了更加波动的一天。然而，在此之前，市场对该公告发布的预感表现平静。有意思的是，尽管 BGU 在午餐时间的价格波动不大，这一交易日的两次交易设置都出现赢利，净收益为每 100 股 27 美元。

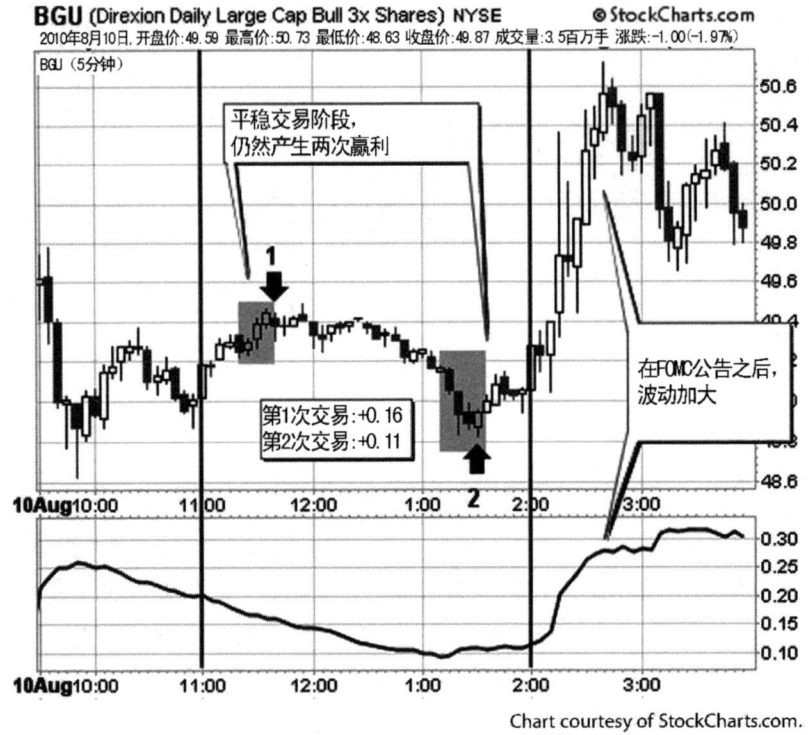

图 8.3　午餐微利多头交易，2010 年 8 月 10 日

　　下一个交易日（图 8.4），熊市氛围明显主导市场。在 BGU 的 5 分钟图中出现了 3 次有效的午餐微利交易。通过使用推荐的追踪止损点，第一次交易的损失将减少至 0.18。因此，当天 3 次交易总净收益为每 100 股 28 美元。有趣的是，尽管市场主导趋势是下跌，却出现两次多头交易。同时，需要指出的是，虽然在东部标准时间下午 1：00 至 1：15 之间出现 3 根白色 K 线，但是没有一个有效的卖空点，因为在第二根和第三根 K 线中间出现了一个十字星。

第 8 章 午餐微利系统

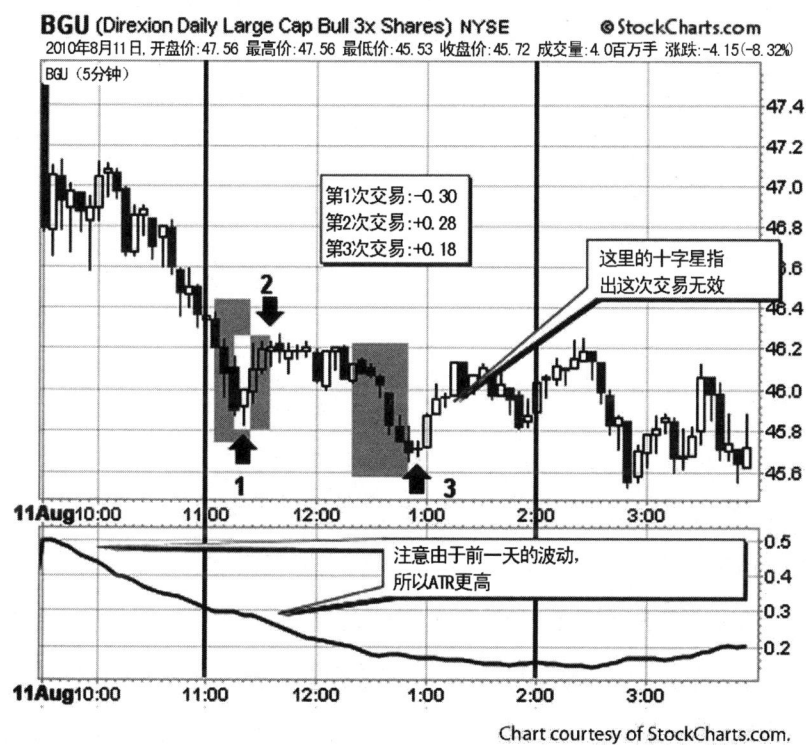

图 8.4 午餐微利多头交易，2010 年 8 月 11 日

以上 3 个交易日一共进行 8 次交易，获利情况为每 100 股 83 美元，这是该系统非常典型的结果。总交易时间为 9 小时，所以为了用该方法每小时的赢利超过 10 美元，你需要增大头寸。理想情况下，这个或者任何其他的微利交易系统至少要进行 1 000 股的交易。这样，交易者将在这 3 个交易日中获得 830 美元的净利润。转化为月净收入为 6 086 美元。相比每天 3 小时的工作，结果相当不错。

第9章 午后逆转系统

在大多数交易日,有两个时间段最容易出现强势价格变动:开盘后的第一个小时和收盘前一个小时。我们已经有一个驾驭开盘势头的系统(见第七章)。现在,为使当日微趋势交易系统完整化,我们需要一个驾驭午后势头的系统。

股票在收盘前最后的 60 至 90 分钟走势强劲的原因有很多。最普遍的原因是午间巩固时间段现已结束,从而使支配性的价格趋势重新再现。另一个原因是当经济数据或业绩公布时,交易者可能预期第二天市场将有所表现,他们想在信息公布前相应地布局。第三,欧洲市场在美国东部标准时间早晨晚些时候收市,于是一些交易者可能转战美国股市。第四,大多数在芝加哥商品交易所上市的公开叫价的期货下午2:30(东部标准时间)收盘,这再一次增加了股市的流动性。最后,一些月度事件——期权到期,联邦公开市场委员会公告,月度或季度数据——引起在收盘前更大的入市和卖出量。

由于上述原因,午市交易确实非常刺激。借助高额量能,收盘前的价格走势趋向强劲。如果我们能找到持续的驾驭这种波动的系统,我们将赚取非常不错的日收入。午后逆转系统试图这样做。

第9章 午后逆转系统

午后逆转系统：概述

这个微趋势系统专注于午后交易，我定义午后交易时间为从东部标准时间下午1：00至4：00。此处介绍的午后逆转系统非常适合于兼职交易者或者同时使用多个系统的交易者。你既可以在下午1：00之后每隔几分钟寻找一系列高贝塔值的股票进行交易，也可以使用当日实时扫描服务进行交易。一旦你找到合适的交易证券和有利的交易时机，你可以设置追踪止损点和收盘市价退出（MOC）指令以退出。除非你要寻找多个头寸，否则其他的都不用监测。

我称午后逆转系统为趋势消退系统。趋势消退系统总是逆主导趋势进行入市或卖出交易，以期出现超买或超卖情形的逆转。这里，除了趋势不是我们的朋友外，趋势消除系统背后的哲理与任何标准回调方法都相似。我们之所以从事趋势消退交易，是因为我们相信主导趋势正在持续，转变的势头即将发生。这种信念植根于我称之为达到顶峰入市或卖出的事件中。午后充满着这些达到顶峰的事件，这也是该系统是我赢单率最高的方法之一的原因。

午后逆转系统的假设条件是，在下午1：00至收盘间的某个时间，主导趋势在疯狂入市和卖出的活动达到顶峰。通过观察图表上的超买超卖条件以及高于平均水平的成交量，这种顶峰很容易被识别。在达到顶峰之后，市场走势趋向逆转，直至收市。如果市场主导趋势为看涨，由于多头已经获利，我们可能会看到收盘之前的抛售情形。如果市场主导趋势为看跌，由于空头已经对冲，我们将看到收盘之前的回升态势。在这两种情形中，我们可以感受到交易者对于隔夜持有证券的担忧。

在市场逆转走势之前，午后市场价格剧烈波动。由于这个原因，在确认一个进入信号之前，我们需要证实达到顶峰的走势和任何随后的逆趋势走势。午后逆转系统的基本操作步骤如下：在东部标准时间下午1：00，我们开始寻找目标证券。如果你能使用当日扫描软件，你可以针

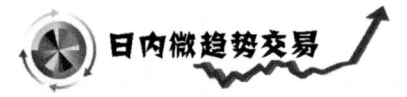

对该系统通过简单的扫描去搜索合适的交易。如果不能，你需要像我这样去做：每隔几分钟关注一下备选清单。一旦你找到合适的交易证券，你可以进行多头或空头交易，并尽快设置追踪性止损点和收盘市价（MOC）退出指令以结束交易。如果到东部标准时间下午3：30，你还没有找到任何合适的交易证券，你可以停止搜索，今天到此结束。如果市场走势未触及止损点，所有头寸必须在收盘时退出。

该方法将50期简单移动平均线叠加于5分钟K线图上，并使用了2个初级指标，分别为叠加有5期简单移动平均线的成交量条形线和设置为默认值为20期的商品渠道指数（CCI）。商品渠道指数原本用于凸显周期性商品价格极端值，但是现在经常被用于股市。商品渠道指数是一个纯粹的价格指标，其计算中唯一的变量是价格变动（最高值，最低值，收盘值和平均偏差）。每一个新的入市建仓信号依据4个参数：相对于50期简单移动平均线的价格位置，商品渠道指数的极端值，高于平均水平的交易量和反转K线。至于头寸管理，由于期望在午后的波动性，你将以离入市价一个非常大的缺口的简单百分比设置追踪止损点。作为一种选择，你可以使用一个宽的真实波动幅度均值（ATR）止损点（5×ATR或更高足矣）。为使潜在利润最大化，如果市场走势未触及止损点，你将在收盘时退出。

出于为该方法寻找合适的备选证券的目的，建议你关注自己的高贝塔值备选清单（见第2章），并取出其中前5至10只证券，这些证券应该来自不同的行业，且日ATR值高于1。当然，你也可以使用任何超交易型开放式指数基金（ETFs），只要它们流通性好，且在5分钟图中价格持续、稳定。较好的备选证券是Direxion Large Cap Bull 3x（BGU），ProShares Ultra S&P 500（SSO），Direxion Financial Bull 3x（FAS），ProShares Ultra Financials（UYG），ProShares Ultra Real Estate（URE），ProShares Ultra Oil & Gas（DIG）及它们的反向证券。如果你将这些证券放入StockCharts.com的备选清单，并使用推荐的图设置（见下），你可以从下午1∶00（东部标准时间）开始关注它们。

至于该方法的回溯测试，我使用Finviz.com扫描备选清单并找到前5只高贝塔值股票。它们当前市价都高于10美元，ATR值至少为1，日交易量在100万股以上，来自不同的行业。在写这本书时，备选清单中具有高ATR值且来自不同的行业的前5只证券为Human Genome Sciences（HGSI）（生物技术），Dollar Thrifty Group（DTG）（汽车租赁），Las Vegas Sands Corporation（LVS）（娱乐城），Teck Resources（TCK）（五金），以及American International Group，Inc（AIG）（保险）。我关注着图表，并记录下午1∶00至3∶30（东部标准时间）之间5分钟图中的每一个有效设置，一直持续了12个月以上。我使用的是3%的追踪止损点，以及若市场走势未触及止损点（我很少遇到），就在收盘时退出。我假定每次的交易规模为5 000美元，且每股单边佣金1美元，非复利。大多数时间，我选择的5只股票，每个交易日至少出现1次午后逆转交易，有时候会多于1次。

表9.1列示了午后突破系统的结果。

表9.1　午后逆转系统统计资料

系统	午后逆转系统
类型	回调，多头和空头
期限	当日交易，在止损点退出或MOC
回溯测试	12个月：2009年7月8日至2010年7月8日，5只股票
使用图表	只使用下午1∶00至3∶30的5分钟K线
交易	1249次交易；71%的赢单率，每次交易净收益率为0.39%
利润	账户资金为25 000美元的收益是24 438美元（年投资回报率98.7%）
止损点（多头）	入市价之下3%，追踪
止损点（空头）	入市价之上3%，追踪
目标退出点	无

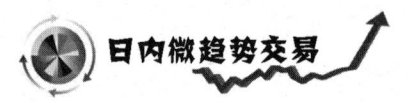

　　由于71%的赢单率，该系统成为我们最常使用的交易系统之一。这个系统平均每天每只股票交易1次左右，其是易控制的。该系统是容易升级的，因为你能用该系统交易你所期望的一些或尽可能多的股票。只要所选的股票具有流动性，价格波动幅度大，且源自不同的行业，你就可以使用该系统进行交易。需要指出的是，与本书中的所有系统类似，午后逆转系统在波动性市场比在稳定性市场表现更好。为确保所交易的证券都是波动性最大的股票，因而，你需要在每月初更新备选清单。

午后逆转系统：参数

　　为使用午后逆转系统，请将表9.2的设置应用到图表中。

表9.2　午后反转方法图表设置

图表时间	5分钟，任何具有波动性和流动性的证券
图表类型	K线图
指标	带有5期简单移动平均线交易量条形线，CCI（20）
叠加	50期简单移动平均线

　　一旦你将这些设置应用到备选清单的图表中，它们将与图9.1的AIG证券图类似。

第 9 章 午后逆转系统

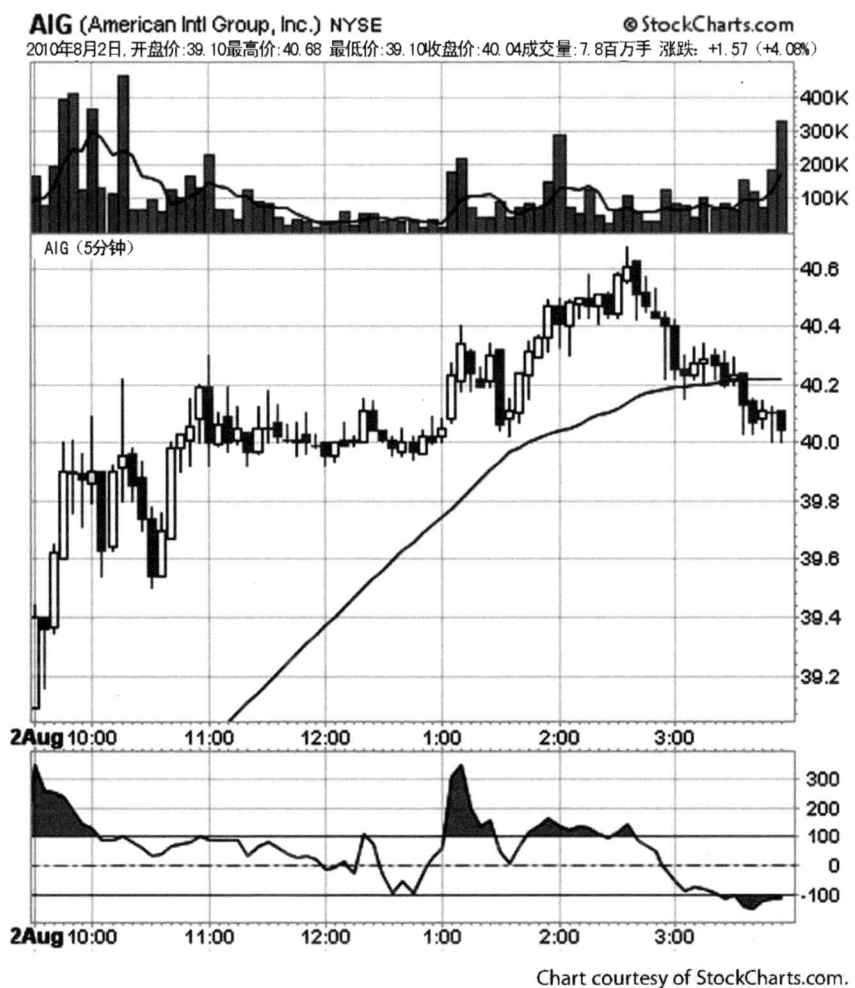

图 9.1 具有午后逆转系统设置的 AIG 证券 5 分钟图

下面将具体介绍午后逆转系统如何运作。

午后逆转系统：多头

在东部标准时间下午 1：00 至 3：30 间，当出现下列情形时，在 5 分钟图目前的 K 线收盘处，入市任何具有波动性和流动性的证券：

- 收盘价<50 期简单移动平均线，且
- 在前两根 K 线之一中，CCI<-150，且

· 交易量条形线>高于前两根 K 线之一的 5 期简单移动平均线（成交量）

· 目前的 K 线为绿色/白色（收盘价>开盘价）或者是十字星（收盘价＝开盘价）

或者

· 收盘价<50 期简单移动平均线，且

· 在前两根 K 线之一中，CCI<-200，且

· 目前的 K 线为绿色/白色（收盘价>开盘价）或者是十字星（收盘价＝开盘价）

设置追踪性止损点和 MOC 指令

· 止损点：入市价/1.03（3%的追踪止损点）

· 目标退出点：未用；若价格走势未触及止损点，则以 MOC 退出

· 注：只要目前的 K 线处于东部标准时间下午 1：00 至 3：30 之间，设置就有效

午后逆转系统：空头

在东部标准时间下午 1：00 至 3：30 间，当出现下列情形时，在 5 分钟 K 线图当前的收盘价处，卖空任何具有波动性和流动性的证券：

· 收盘价>50 期简单移动平均线，且

· 在前两根 K 线之一中，CCI>150，且

· 在前两根 K 线之一中，交易量条形图>5 期简单移动平均线，且

· 目前的 K 线为红色/黑色（收盘价<开盘价）或者十字星（收盘价＝开盘价）

或者

· 收盘价>50 期简单移动平均线，且

- 在前两根 K 线之一中，CCI>200，且
- 目前的 K 线为红色/黑色（收盘价>开盘价）或者十字星（收盘价=开盘价）

设置追踪性止损点和 MOC 指令

- 止损点：入市价×1.03（3%的追踪止损点）
- 目标退出点：未用；若价格走势未触及止损点，则以 MOC 退出
- 注：只要目前的 K 线处于东部标准时间下午 1：00 至 3：30 间，设置就有效

在使用上述设置时，有些方面需要注意。首先，正如在 5 分钟图标注的（它可能是日图的主导趋势，也可能不是），我们正在消除主导趋势。通过观察 5 分钟图目前的交易价格高于还是低于 50 期简单移动平均线，我们就能简单地判别主导趋势。若交易价格低于 50 期简单移动平均线，则主导趋势为向下，但是我们试图做多。如果交易价格在 50 期简单移动平均线之上，主导趋势被认为是向上，但我们试图卖空。同样，一旦我们发现 CCI 读数为±150，我们将寻找一个高于 5 期移动平均值更大的交易量剧增，以证实该价格变动的顶部特征。如果 CCI 与±200 完全一致，我们可以停止观察交易量，因为其本身就构成了顶部事件。一旦上述任何一种情形发生，我们将开始寻找第一根反转 K 线：绿色/白色 K 线或十字星，做多，或红色/黑色 K 线或十字星，做空。少数情况下，在两根条形线之后仍未出现反转的 K 线——而此时，CCI 不再为±150，交易量大于 5 期简单移动平均线（交易量），或者 CCI 不再为±200，那时，设置无效，我们没有进行任何交易而离开。

一旦进入交易，我们将以入市价为基础设置一个 3%的追踪止损点。我们将不会设置目标退出点，但是如果价格走势未触及止损点，我们将在收盘时退出。在我关注的回溯测试中，止损点很少起作用。少有的几

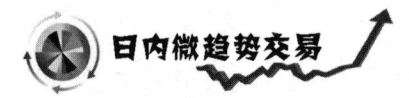

次起作用的交易发生于市场价格异常波动时,例如,当联邦公开市场委员会发布公告或者期权到期时。大多数交易都在收盘时退出,而且其中70%的交易者收益颇丰。最后提醒一下:你偶尔会在东部标准时间下午3:30收到一个有效交易信号。你最好抓住这样的机会进行交易;有时候它可能是一个交易日中最好的交易。

午后逆转系统:例子

在我进行的为期12个月回溯测试的5只股票中,AIG表现最佳。由于财务持久性的不确定,所有政府认购以及媒体的持续关注,AIG股票价格在这段时间波动较大。现在,我们将察看一组最近交易日,在这些交易日,AIG股票的图中包含着大量的午后逆转交易。首先,通过观察图9.2,让我们来讨论一下午后逆转交易的基本构造。

图中显示了该有效交易的4个主要参数。在东部标准时间下午1:00之后,CCI超过150(1)——在这个例子中它超过了200——同时价格(2)在50期简单移动平均线之上。这种情形提醒我进行空头交易。接着,同一K线的高成交量条形线(3)出现并拉升CCI到如此高,趋势得到确认。由于CCI高于200,所以我们并不需要通过交易量确认趋势,但是它象征着供给乏力且价格虚高,因而总是有用的。最后,我在第一根反转K线出现时建立头寸(空头),在这个例子中,反转信号为出现于下午1:15的条形线的收盘价低于开盘价的一根黑色K线。此时,入市价为37.15美元,我设置一个3%的追踪止损点(38.26),并一直等到收盘。还没过3个小时,我获得的净利润为每100股46美元。必须指出的是,下午2:00的疲软价格并没有引起CCI跌至-150(4),所以就不存在交易了。接近收盘时,CCI的确跌至-200以下,但是由于它发生于下午3:30之后,交易无效。因此,该交易日只有一次交易。

第 9 章　午后逆转系统

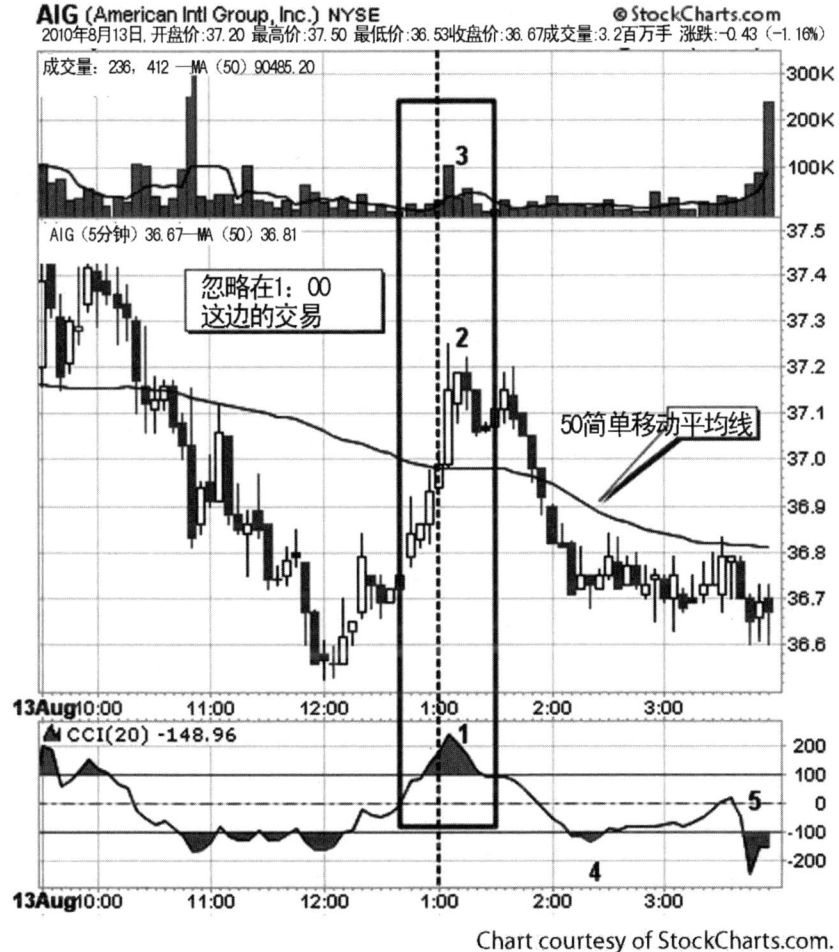

图 9.2　AIG 股票午后反转交易，2010 年 8 月 13 日

如果回到 2010 年 8 月 2 日（图 9.3），这一天，AIG 股票价格上升超过 4%，我们发现 AIG 股票图上出现了 3 个有效交易信号，都是空头交易且都能赢利。你可以看到，第一次信号在东部标准时间下午 1：00 后即出现。AIG 的交易价格位于 50 期简单移动平均线之上，于是我在寻找卖空信号。一旦 CCI 越过 150（在该例子中，它越过了 300），我就关注成交量。信号出现前的两根条形线的成交量都在 5 期简单移动平均线之上（2），这给我开了双绿灯。我们再一次不需要通过交易量确认交易点

位位置，但是有它总是好的。现在我所需要的入市信号仅是反转 K 线，或者在下午 1∶15（1）得到的其他信号。在 40.24 美元的卖空价位上，我将 3% 的追踪性止损点设在 41.45 美元处，并任头寸按常规进行。45 分钟之后，我收到第二个卖空信号。此时，CCI 越过 150，且信号 K 线之前的交易量条形线收盘在 5 期简单移动平均线之上，于是我所需要的仅是一根反转 K 线。反转 K 线正好出现于下午 2∶00，所以我以 40.4 美元（2）的价格进行了一次新的卖空交易，并将追踪止损点置于 41.61 美元处。40 分钟之后，CCI 为 150，且有高于平均交易量的成交量，于是我以 40.5 美元的价格进行了第三次卖空交易（3），此时的追踪止损点为 41.72 美元。在那点，我在 AIG 股票上设置了三个卖空点位，而我所能做的就是等待收盘。收盘时，三次卖空交易被平仓，三次交易总的净利润为每 100 股 96 美元。

值得注意的是，如果我之前没有看到 CCI 中的空头背离信息，我可能不会进行后两次卖空交易（2，3）。虽然每一次交易的最高价不断走高，但是 CCI 高点不断下降。这种负向背离对午后逆转方法是不必要的，但是它能给你信心，让你在图中看到它时，增加你的初始交易头寸。

第二个交易日，2010 年 8 月 3 日（图 9.4），AIG 股票在开盘暴跌之后归入平静，正午走势平稳，处于真实波动幅度均值（ATR）中。然而，到了下午，看多该股票的交易者说"跌的足够多"，在看到一个适宜的支撑位之后，他们开始入市股票。导致股价走势逆转的能量来自于东部标准时间下午 1∶00 前的顶部抛售。靠近该交易日最低价的大额成交量促使买者开始吸纳低价股票。从此开始，3 个卖空交易信号突然接踵而至。由于每一个交易都将 CCI 推高到至少 200，因而我们不需要查看交易量。我们仅是简单地在逆转 K 线结束时卖出并设置 3% 的追踪止损点。与价格相关的 CCI 再次出现下跌背离信号，使我拥有了将无保护卖空头寸提高三倍的信心。抛开在该交易日内结束的交易，在收盘时退出的三

次卖空交易都出现赢利，净利润为每 100 股 59 美元。

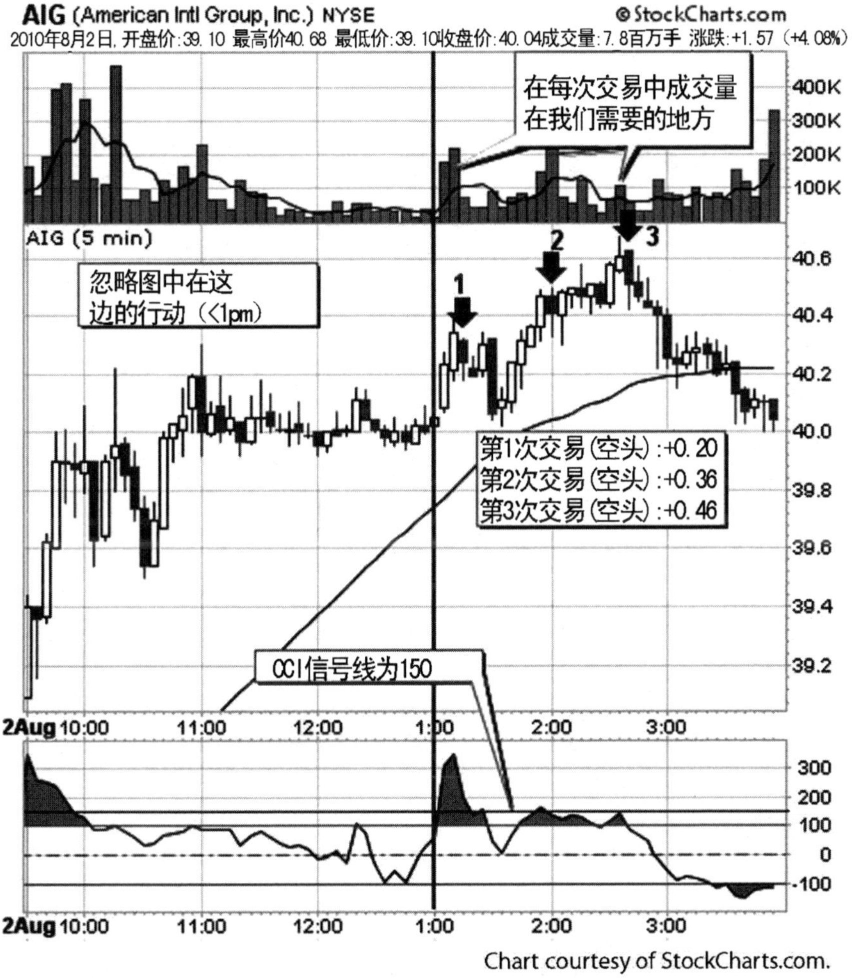

图 9.3 AIG 股票午后逆转交易，2010 年 8 月 2 日

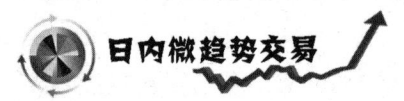

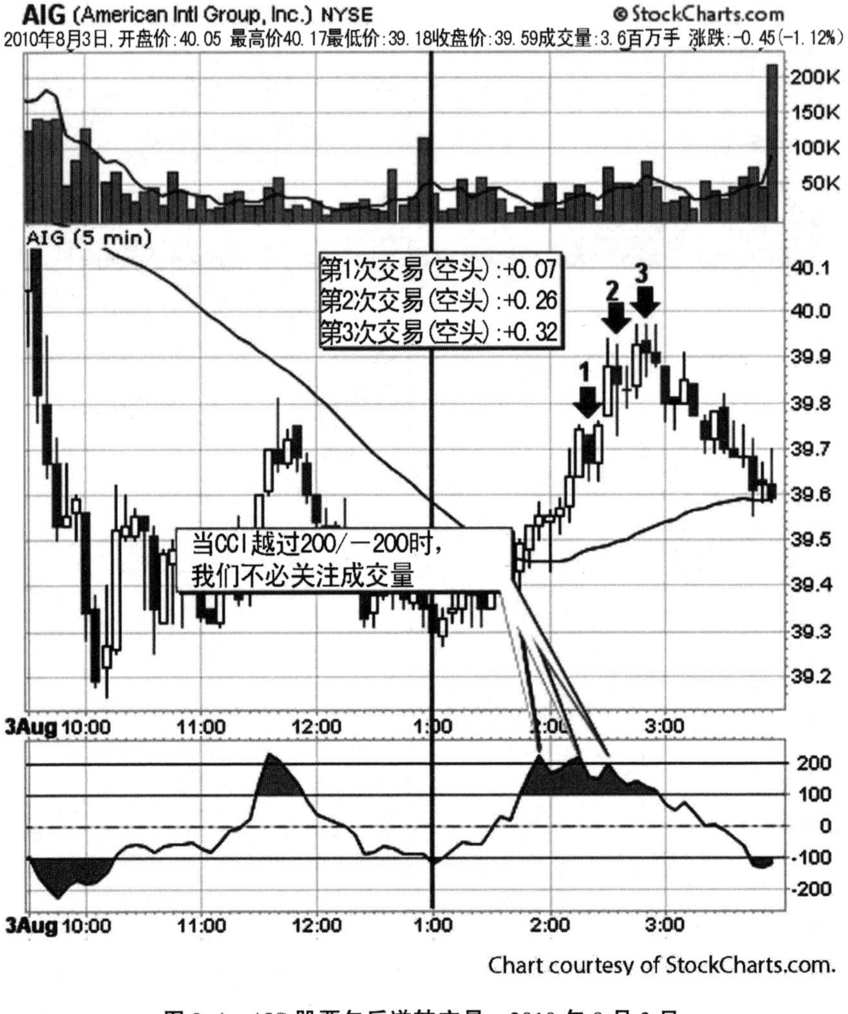

图9.4 AIG股票午后逆转交易，2010年8月3日

2010年8月4日（图9.5），尽管仍然在ATR内交易，AIG股票价格波动较大。该股票的收盘价离开盘价较近，但是我进行了3次午后逆转交易，总收益为每100股65美元。注意，尽管我们在卖空交易中有所损失，我们却有必要在不同的方向交易两个同时发生的交易头寸。由于在某个利润区间触及止损点，有时候他们都有利可图。

第 9 章 午后逆转系统

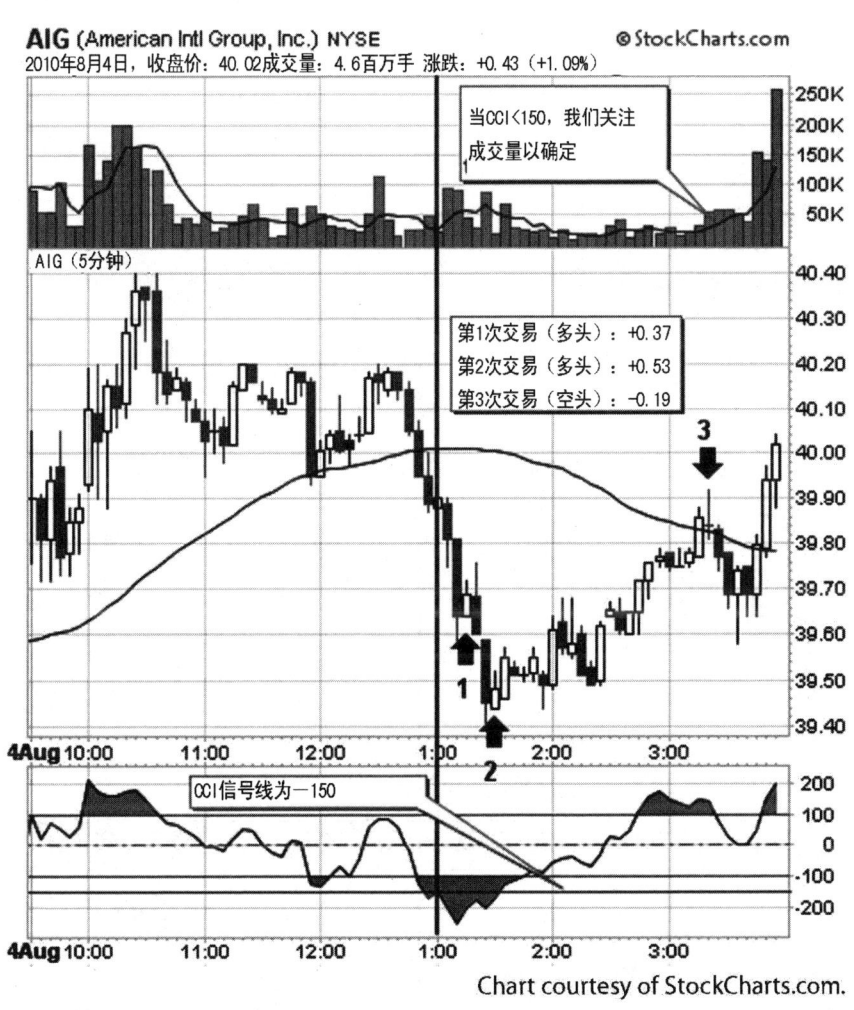

图 9.5 AIG 股票午后逆转交易，2010 年 8 月 4 日

2010 年 8 月 5 日是那周的最后一个交易日。AIG 股票再次表现非常平稳，收盘价稍低于前一日的收盘价。但是午后的波动性非常适合使用该系统赢利。在图 9.6 中，我们可以看到 2 次卖空交易，且都收获了可观的利润。由于第二次卖空（2）时，CCI 并未达到 200，因而我们需要观察明确证实价格走势的交易量。最后一日的下跌使得我们加倍了空头

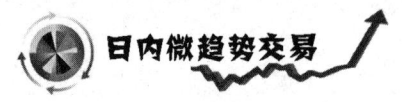

头寸，从而获得每 100 股 70 美元的净利润。

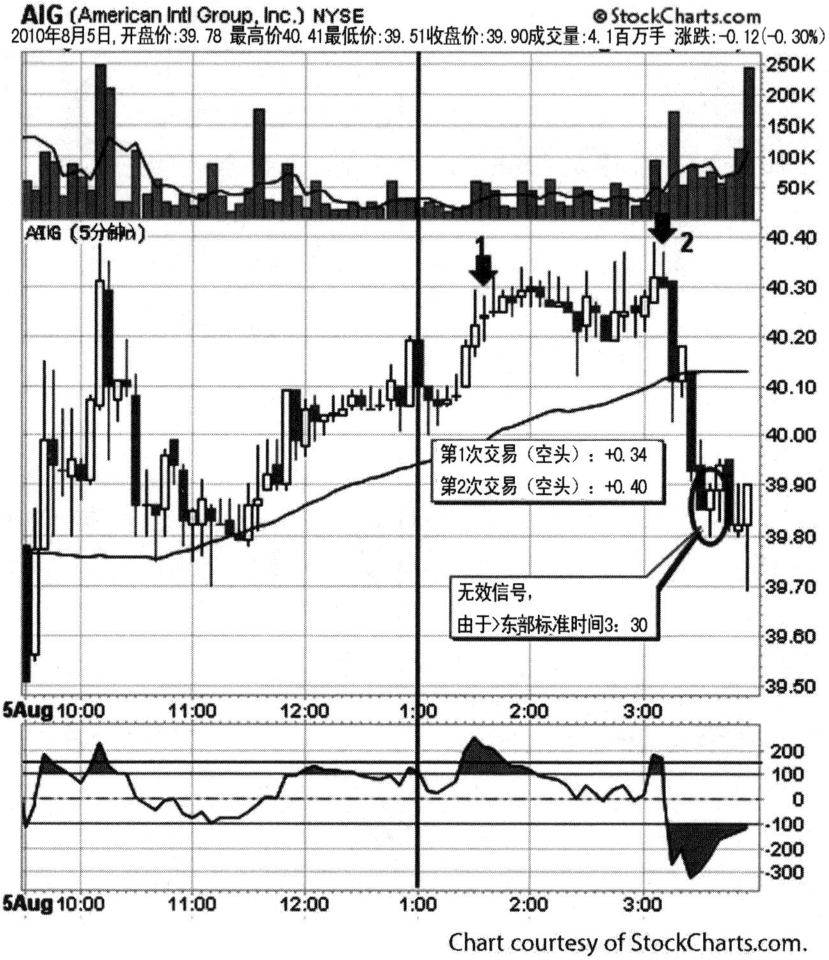

图 9.6 AIG 股票午后逆转交易，2010 年 8 月 5 日

由于 2010 年 8 月 6 日，星期五没有午后逆转交易，我们下一组交易发生在 2010 年 8 月 9 日，星期一（图 9.7）。AIG 股票开盘后股价快速上扬，在正午巩固时间段之前，股价回调至 50 期简单移动平均线附近。从此处开始，利润接受者帮助我进行了两次漂亮的空头交易。由于在第一次交易（1）时 CCI 读数较高，我们并不需要交易量确认价格趋势。

第 9 章 午后逆转系统

但是，在第二次和第三次交易（2，3）中，我们确实需要通过交易量确认趋势，可以看到成交量正好插入在两根信号 K 线之前。扣除佣金，我获得的总收益为每 100 股 42 美元。

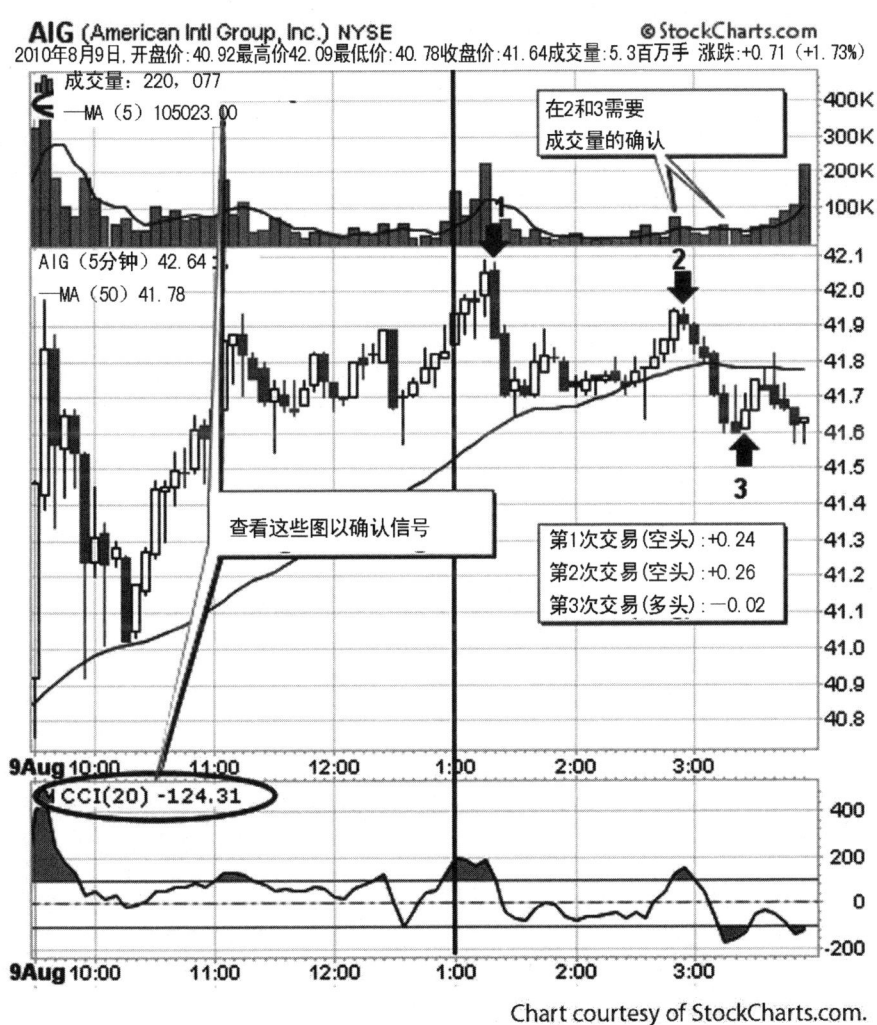

图 9.7　AIG 股票午后逆转交易，2010 年 8 月 9 日

通过前述图形对 5 个交易日的讲述，AIG 正处于上涨模式。从 2010 年 8 月 2 日开盘到 8 月 9 日收盘，AIG 股票回升了 +2.54。然而，通过使

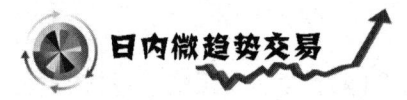

用午后逆转系统,我在 14 次交易(11 次为卖空交易)中获得的佣金后净利润为 3.32,高出入市—持有方法 31%,且不用承担隔夜风险。这就是微趋势交易的能力!当然,并不是所有的证券都如 AIG 证券表现良好(年投资回报率超过 400%)。但是,AIG 股票以及其他与之相似的股票——具有波动性,流动性,为媒体所关注——易于被本章所述的扫描技术发现。它们为这个稳健的午后交易系统搜寻优秀备选股票。

第三部分 多日微趋势系统

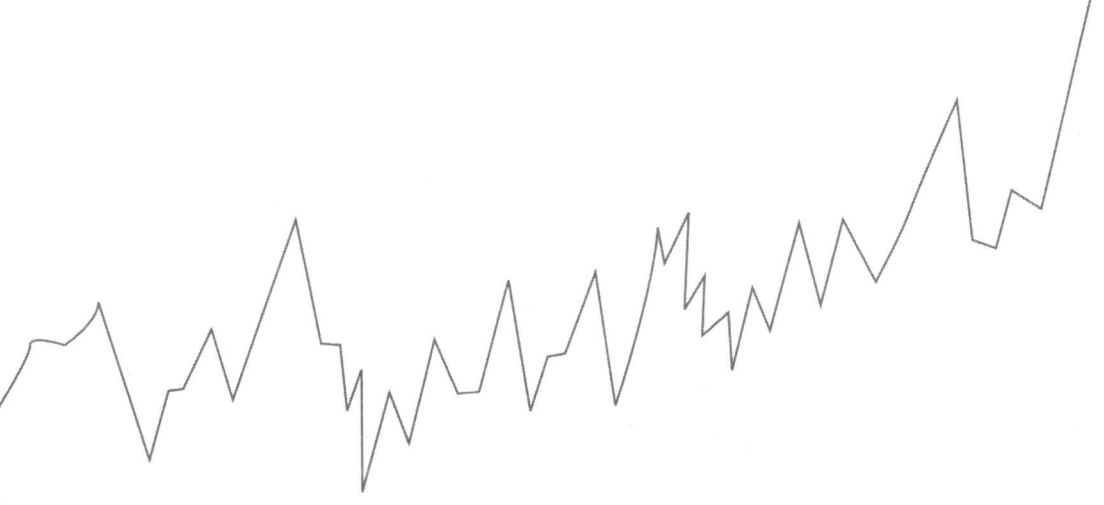

第10章 隔夜交易系统

截至目前,我已经介绍了5种具有赢利性且稳健的一日微趋势交易系统。接下来,我将介绍4种另外的系统,它们通过多日的价格走势获利。这些交易系统适合于基本的且大大被忽略了的交易者,其一方面作为抢帽子与日交易者出现,另一方面他们又以波动交易者和头寸交易者出现。因为这些交易系统是微趋势交易系统,所以我们在寻找发生在2到5日内的价格走势。作为对更长持有期的补偿,我们使用这些多日微趋势交易系统的目标是每次交易的平均净利润至少为100个基点。

大约在10年前,当日交易规则起作用时,我首次开始创造小众市场的交易系统。那时,我是一个散户,账户资金低于25 000美元。如我之前所述(详见第三章的讨论),这意味着我一周只能交易3天,以免账户被经纪人自动冻结。而每个即日交易者都知道,每周只交易三日根本不能维持生活。而且,我知道这种超短期交易是获取大额回报的最快方式。

因此,我的要求是找到一种五天中能利用快速交易的力量且避免账户被冻结的方式。我所提出的解决方案我原本称之为隔夜交易(ONT),或者隔夜空头交易。隔夜交易系统通过在交易日进行一系列的扫描来搜寻隔夜持有证券可能赢利的交易。这些ONT扫描大约在东部标准时间下午2:00启动,以期在收盘前的某段时间能够建立新的头寸,多头和/或

第 10 章 隔夜交易系统

空头。我坚守这些头寸直至收盘，未设置止损点或目标退出点。一旦收盘，我以收盘价为基础设置止损点和目标退出点。接着，若交易还未退出，我将会在接下来的一个交易日收盘前择机退出。假定每个交易日我都能发现合适的交易证券，我就能在不触及当日交易规则的情况下获得当日交易般的利润。

必须指出的是，隔夜交易比标准的当日交易更具风险。这是因为你持有隔夜交易的证券，并将自身暴露于收市后可能出现的各种信息的风险中。同时，你也将你的头寸置于开盘后最开始几分钟交易的不利境地，开盘后前几分钟的价格波动性非常大。尽管如此，这些风险不及更长的持有时间所带来的更高收益。我的 ONT 扫描被设计来寻找能在第二天开盘时以可预测的和有利的模式缺口的证券。

作为我捐赠的一部分——唯一的"趋势交易信"，从 2002 年 10 月开始，每个交易日一封，提供 ONT 服务。每天我将开启隔夜交易扫描程序，并向订阅者发送有关股票的选择、我的入市价及退出指南等方面的实时信息（IMs）。得益于隔夜交易系统的帮助，我在第一年中获得 200% 的净利润。后来我变得更加忙碌，没有时间开展实时信息提醒服务。然而，隔夜交易系统的盈利潜力依旧存在。我所使用的扫描程序并未改变。在这章中，我将向你展示它的全貌。

隔夜交易系统：概述

将隔夜交易系统看作是当日交易的一种，这是必要的。当日交易选择具有流动性且价格波动剧烈的股票进行交易，它持有股票的时间从几分钟到几小时不等，不过都在一个交易日内。但是，当日交易系统绝不隔夜持有证券。只有在上述最后一个限制条件取消时，隔夜交易系统才是当日交易系统。

ONT 交易一般在收盘前很短的时间内立刻建立一只股票的头寸，并

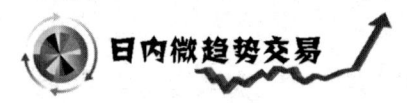

在持有一夜之后,于下一个交易日择机结束交易。这意味着,虽然隔夜持有头寸,但是交易一般只持续几个小时。ONT 试图寻找在以下 4 个独特的时间段中的任何一个时间段或所有时间段内价格走势强劲可能性较高的证券:

- 入场时间的午后交易时间段
- 隔夜(包括收盘后和开盘前的时间段)
- 下一入场时间的上午交易时间段
- 入场后的下午交易时间段

ONT 的理念是,在某些交易中,在进场之后的某个时刻,价格高于(对多头)或低于(对空头)入场日收盘价的可能性很高。对于大多数股票,这是适用的。除非交易量为 0,否则它们的交易价格趋向于高于和(或)低于前一日的收盘价。因此,通过监控一些交易,我们能为我们的 ONT 寻找合适的交易股票,这些股票以可预测的方向远离前一日的收盘价的可能性很大。

相比当日交易系统,ONT 具有获取隔夜差价的优势,而当日交易则不能。我们将采用极端的理由为 ONT 选择股票:在收市前的交易使得它们在收盘后和开盘前具备持续性势能的可能性,从而在下一个交易日产生较好的、可获利的差价。需要说明的是,这种能量有时能在接下来的两天、三天、四天或更多交易日中,将价格推向同一个方向。由于这个原因,对于那些愿意承受长期持有风险的交易者而言,他们将使用追踪止损策略而不设置目标或时间退出点。

不是对该系统进行回溯测试,我将使用"趋势交易信"的实时、真实资金交易结果以凸显该系统的赢利潜能。从 2002 年 10 月至 2004 年 10 月,我利用隔夜交易系统进行了约 200 次公开交易。你可以在我的网站(Befriendthetrend.com)上找到每一次交易的结果。这两年的时间是一个合适的检验,因为它既包括高波动率指数(VIX)(2002)环境,也包括低

第10章 隔夜交易系统

波动率指数(VIX)(2003)环境。既包括价格波动剧烈的市场(2002年10月至2003年3月),稳定的牛市市场(2003),也包括熊市巩固市场(2004)。然而,由于没有充足的交易数据以显示该系统真实赢利潜力,我利用在2004年1月1日至2010年7月15日随机选择的120个交易日进行回溯测试。在此期间,我进行了520次交易。多日交易的年净投资回报率为200%。

表10.1列示了隔夜交易系统的回溯测试结果。

表10.1 隔夜交易系统统计资料

系统	隔夜交易系统
类型	回调,多头和空头
期限	2日交易
回溯测试	随机选择,120个交易日,多种股票
使用图表	日/5分钟K线,仅下午2:00至收盘
交易	520次交易:67%的赢单率,每次交易净收益率为1.59%
利润	25000美元账户资金的收益为85580美元(年投资回报率为+342%)
止损点(多头)	入市价以下3%
止损点(空头)	入市价以上3%
目标退出点	若市场走势未触及止损点,则以下一交易日收盘价退出

由于该交易系统隔夜持有头寸,我们每次交易的目标为净回报至少100个基点。这个系统远远超过了此数字。隔夜交易系统也是我最具赢利性的系统之一,6年中的随机样本产生的年回报率为342%。这也是一个易于交易的系统,因为你所需要做的就是扫描屏幕,并按以下描述的规则进行进入或退出交易。我使用日线图寻找交易,然后我缩减至5分钟图以搜索合适的入市机会。事实上,第二步是可选择的。对于缺乏时间或者倾向于在每次交易中榨出几美分的交易者而言,他们可以只关注日线图。

隔夜交易系统：参数

为使用隔夜交易系统，请将表 10.2 的设置应用于你的图中。

表 10.2　隔夜交易系统图表设置

图的时间	日和 5 分钟
图表类型	K 线
指标	随机指标（5），CCI（20），ATR（14）
叠加	20 期简单移动平均线，50 期简单移动平均线

在美国股市收市前 2 个小时或东部标准时间下午 2∶00 左右，隔夜交易系统作为一系列的四个技术性屏幕开始运行。这些屏幕被用于寻找日线图上的趋势反转。这样，这些屏幕以一些高可靠性的 K 线形式为中心，通过 1 至 2 根条形图在微趋势中捕获逆转信号。通过上述四个屏幕的任何一只股票将被放入备选清单以便进一步分析。而任何不符合规定条件的股票将被消除。余下的股票将被设置 5 分钟图并监控入市信号。如果到东部标准时间下午 3∶30 未出现任何入市信号，头寸将自动建立。

下面我介绍构建隔夜交易系统四屏幕的精确参数，你可以直接将它们复制到 StockCharts.com 网站的"高级扫描（Advanced Screening）"工具中，或者运用到其他任何允许进行技术分析的筛选工具中。在这四个屏幕中，两个屏幕用于入市，另外两个用于卖出。无论市场环境如何，建议每天启用所有四个屏幕进行隔夜交易。这些屏幕将对市场主导趋势做出反应，因此，如果主导趋势为看涨，系统将发出更多的入市信号，反之，则发出卖空信号。

注意，不管你使用何种筛选工具，你都需要将其设置为"日内"模式，而不是"日终"模式。如果你所使用的筛选系统无此功能，它就不能用于隔夜交易系统。如果你在使用 StockCharts.com 网站，确保屏幕的设置是在"昨日盘中更新"基础上运行,而不是"上次收盘"。使用后者将只会得到前一日收盘时通过筛选的股票。而你需要的是在东部标准时间下午2：00通过扫描的股票。在高级扫描顶部,你可以找到该选项。图10.1展示了其可能出现的形式（时间只能是下午2：00,而不是上午11：08）。

开始	0	在……交易日	昨日盘中更新（2010年8月20日,11：08AM）
显示满足下列指标的符号			

图10.1　StockCharts.com网站中的"昨日盘中更新"设置

为使用隔夜交易系统,你需要采用如下精确步骤。

隔夜交易系统：多头

第一步：在东部标准时间下午2：00,运行设置为"昨日盘中更新"的如下两个看涨屏幕：

a. 牛市锤形筛选屏幕：

［daily sma（20，daily volume）＞100000］and［Hammer is true］and［Close＞＝sma（50）］and［Low＜＝sma（50）］and［Slow Stoch ％K（5，3）＜30］and［Close＞5］

b. 牛市鲸吞筛选屏幕：

［daily sma（20，daily volume）＞100000］and［Bullish Engulfing is true］and［Close＜sma（20）］and［Slow Stoch ％K（5，3）＜30］and［Close＞5］and［yesterday's volume＞daily sma（12，daily volume）］

第二步：如果超过5只股票通过筛选,将下面的高波动性参数加入筛选条件并再次运行

[Max（260，close）> Min（260，close）* 2]

第三步：如果仍有超过 5 只股票通过筛选，增加波动率乘数和/或交易量数据，直至每个屏幕通过筛选的股票数量等于或少于 5 只。

第四步：将所有通过筛选的股票（最多 10 只）放到 StockCharts.com 网站的备选清单（日图），并删去满足下列条件之一的任何图：

a. 今日的区间（最低价到最高价）大于 1.5×［今日 ATR（14）］。

b. 今日的收盘价低于过去 5 个交易日中某一个重要的价格缺口（> ATR/2）。

第五步（首选）：在余下的图中，将所观察的日线图调整为 5 分钟线图，并寻找以下两种入市信号之一。如果到东部标准时间下午 3：30 未出现任何信号，就建立头寸。

a. 在 5 分钟随机指标%K（5）小于 25 之后出现的第一根绿色/白色 K 线。

b. 在 5 分钟 CCI（20）小于 –100 之后出现的第一根绿色/白色 K 线。

第五步（第二选择）：在东部标准时间下午 2：30，建立头寸。

第六步：持有该头寸直至收盘。然后，将 Good Till Cancelled（GTC）追踪止损点指令设置于入市价以下 3%或收盘价以下 3%的更大的一个。

第七步：除非已止损退出交易，不然在接下来的交易日以收盘价卖出。

第 10 章 隔夜交易系统

隔夜交易系统：空头

第一步：在东部标准时间下午 2：00，运行设置为"昨日盘中更新"的如下两个看跌屏幕：

a. 乌云盖顶筛选屏幕

[type = stock] and [daily sma（20，daily volume）>100000] and [Dark Cloud Cover is true] and [Close > sma（20）] and [Slow Stoch %K（5，3）>70] and [Close > 5] and [yesterday's volume > daily sma（12，daily volume）]

b. 熊市鲸吞筛选屏幕

[type = stock] and [daily sma（20，daily volume）>100000] and [Bearish engulfing is true] and [Close > sma（20）] and [Slow Stoch %K（5，3）>70] and [Close > 5] and [yesterday's volume > daily sma（12，daily volume）]

第二步：如果超过 5 只股票通过筛选，将下面的高波动性参数加入筛选条件并再次运行

[Max（260，close）> Min（260，close）* 2]

第三步：如果仍有超过 5 只股票通过筛选，增加波动率乘数和/或交易量数据直至每个屏幕通过筛选的股票数量等于或少于 5 支。

第四步：将所有通过筛选的股票（最多 10 只）放到 StockCharts.com 网站的备选清单（日 K 线图）。删去满足下列条件之一的任何图：

a. 今日的区间（最低价到最高价）大于 1.5×[今日 ATR（14）]。

b. 今日的收盘价高于过去 5 个交易日中任何一次重要的价格缺口（>ATR/2）。

第五步（首选）：在余下的股票中，将所观察的日线图调整为5分钟线图，并寻找以下两种入市信号之一。如果到东部标准时间下午3∶30未出现任何信号，建立头寸。

    a. 在5分钟随机指标%K（5）大于75后出现的第一根红色/黑色K线。

    b. 在5分钟CCI（20）高于100后出现的第一根红色/黑色K线。

第五步（第二选择）：在东部标准时间下午2∶30，建立头寸。

第六步：持有头寸直至收盘。然后，将Good Till Cancelled（GTC）追踪止损点指令设置于入市价之上3%或收盘价之上3%更小的一个。

第七步：除非已止损退出交易，不然在接下来的交易日以收盘价卖出。

前述的4根K线形式是被作为最可靠的"隔日"逆转模式精心挑选出来的。如果你对它们的形式不熟悉，请看图10.2至10.5（源于Onlin-eTradingConcepts.com）。

第 10 章 隔夜交易系统

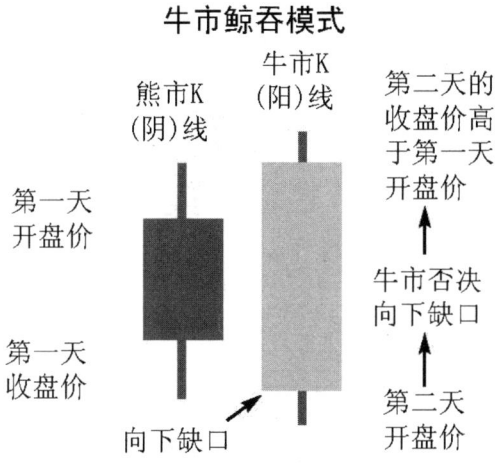

图 10.2 牛市鲸吞 K 线模式

锤形

图 10.3 锤形 K 线模式

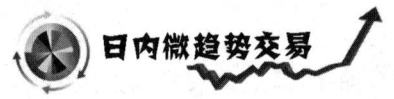

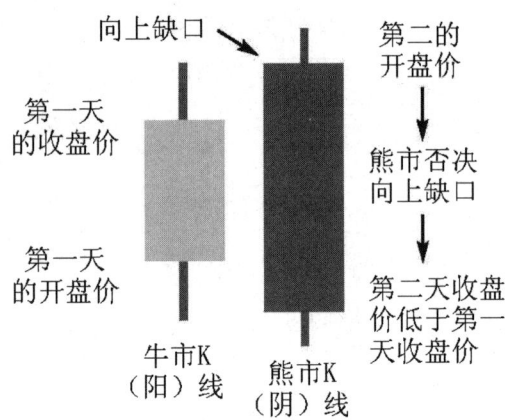

图 10.4 熊市鲸吞 K 线图模式

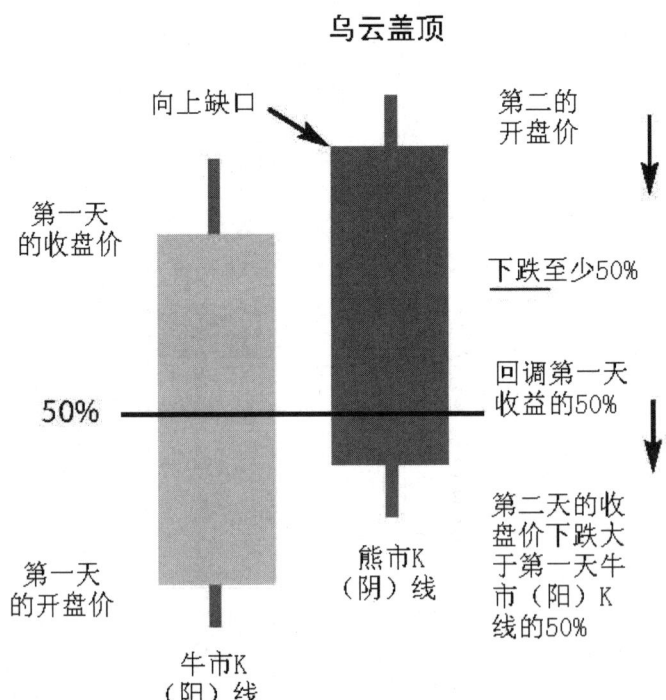

10.5 乌云盖顶 K 线图模式

尽管很少，有些交易日四个屏幕都没有股票通过筛选。一般而言，通过锤形筛选到的图最少，因为它要求目前的K线跨过50期简单移动平均线，而当市场价格沿趋势运动时，这较难实现。无论是熊市还是牛市，通过鲸吞筛选到的图一般是最多的。当没有图通过筛选时，这通常意味着市场走势趋稳且成交量小。在我所有的微趋势交易系统中，隔夜交易系统在高波动性市场环境中倾向于表现最好。

除非在收盘前最后一小时或隔夜发生未预见到的事情以致价格走势改变，基本上所有的隔夜交易都会在下一个交易日获利退出。获取隔夜利润最简单的方式是使用之前介绍过的止损点或MOC退出。然而，具有即日交易技巧的交易者能放弃止损点或MOC退出，并监控当日订单流。他们能通过使用诸如水平Ⅱ的磁带阅读工具、时间及卖出等识别反转走势能量的涨落。

隔夜交易系统：例子

接下来，我将利用一系列图介绍四屏幕的例子。第一张图（图10.6）展示了一个漂亮的锤形K线交易。注意该锤形的最低价位于50期简单移动平均线之下，而其收盘价在50期简单移动平均线之上，从而形成完美跨越。因为这种K线形式很少出现，且它自身就是非常值得信赖的反转形式之一，所以在这种交易中并不需要大幅放量。2010年7月7日，我以每股10.3美元的价格入市，并在第二天收盘时以每股10.97美元的价格卖出，除去佣金的净利润为每100股65美元。

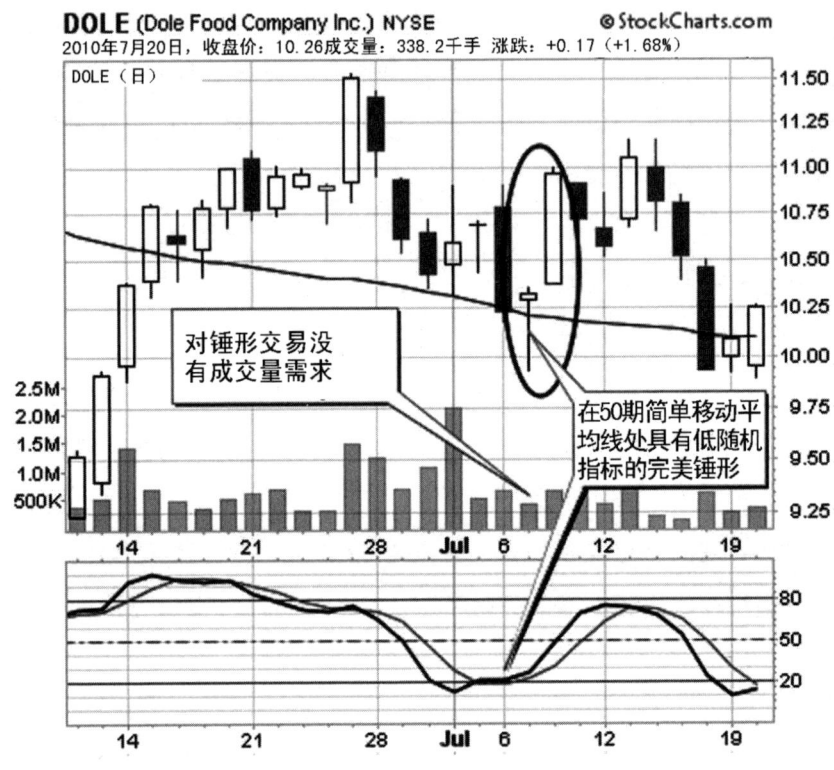

图 10.6 DOLE 食品公司显示了 ONT 锤形交易，2010 年 7 月

图 10.7 显示的是 Emdeon 公司（EM）股票的隔夜交易牛市鲸吞形式。在这种形式中，我们需要在入市的前一天看到超过平均水平的成交量出现。成交量要求降低了熊市反击牛市的可能性，因为在入市的前一天交易者大量卖出，所以入市很成功。由于 2010 年 7 月 12 日未出现 5 分钟入市信号，所以在东部标准时间下午 3：30 建立头寸，此时 EM 股价为 12.5 美元。第二个交易日，EM 股票价格一路走高，我以 13.08 美元的 MOC 退出，扣除佣金后的净利润为每 100 股 56 美元。

第 10 章　隔夜交易系统

图 10.7　EM 显示 ONT 牛市鲸吞形式，2010 年 7 月

在图 10.8 中，Cubic 公司（CUB）股票出现了两次熊市鲸吞隔夜交易形式，不论是 K 线形式，还是随机指标处于超买水平（>75），都满足熊市鲸吞形式条件。但是第一次的交易并未通过我们最初的筛选，因为入市前的一个交易日交易量位于 12 期交易量简单移动平均线之下。然而，第二个交易通过筛选，并于东部标准时间下午 2∶40 在 5 分钟 K 线图上出现了一个不错的卖空信号，交易价格为 38.61 美元。第二个交易日，我以 37.03 美元的收盘价平仓退出，每 100 股净利润为 156 美元。

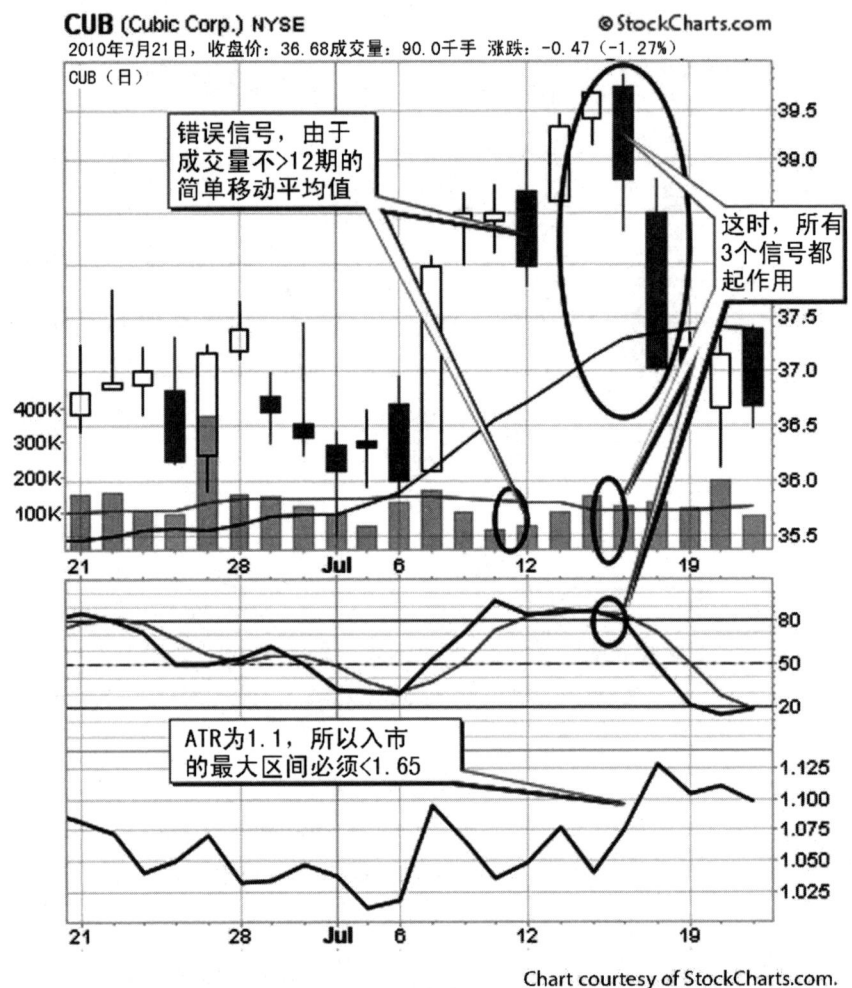

图 10.8　CUB 隔夜交易熊市鲸吞形式，2010 年 7 月

乌云盖顶 K 线是红色/黑色 K 线，其最低价和最高价都高于前一交易日的最低价和最高价。2010 年 7 月 2 日（图 10.9），Insituform Technologies 公司（INSU）提供了一个乌云盖顶 ONT 交易，其符合乌云盖顶 K 线形式的关键参数要求，股价位于 20 期简单移动平均线之上，随机指标处于超买状态，且在入市前的前一个交易日出现高于平均水平的交易量。该股票的 5 分钟 K 线在 22.22 美元的价位触发了入市信号，退出点

是 21.27 美元的 MOC，每 100 股获得净利润 93 美元。

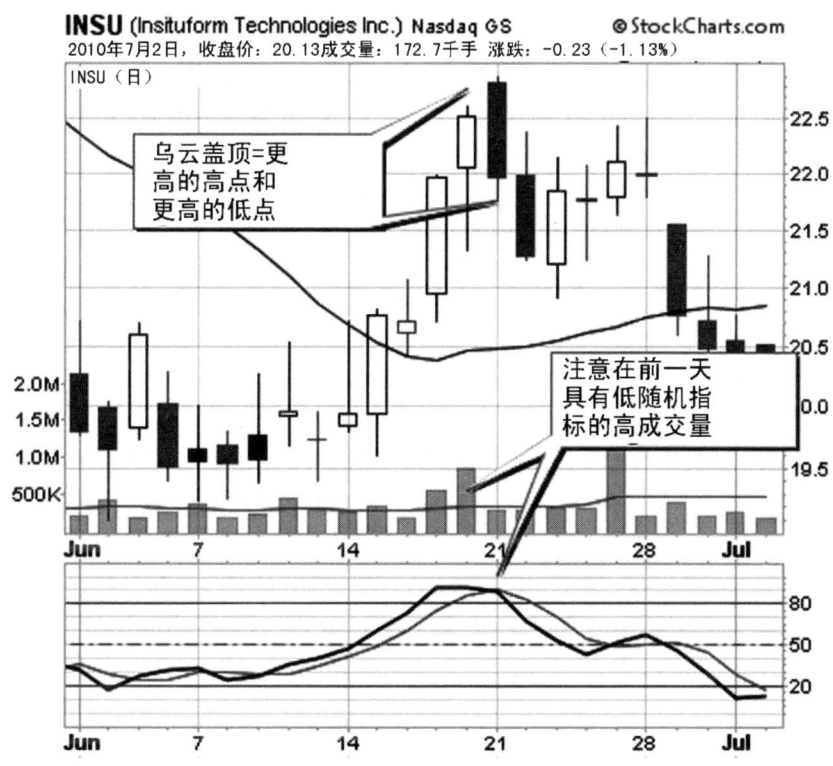

图 10.9　INSU 隔夜交易乌云盖顶形式，2010 年 7 月

第11章 布林带回调系统

第二个多日微趋势交易系统是我始终坚持（70.9%赢单率）的且最具赢利性（527%的年投资回报率）的系统。同时，它也是我投入精力最多的系统。布林带回调系统，顾名思义，使用一种被称为布林带的交易工具。布林带或者空头布林带是以一位名叫约翰·布林的市场分析师和技术员的名字命名的。布林试图找出一种量化价格波动动态性质的方法。而他所提出的布林带对交易者而言，既简单又实用。

布林带由两个价格带组成，一个价格带高于目前的收盘价，另一个则低于目前的收盘价，由于价格带是根据市价的标准差计算而来的，因而这两个价格带与中心移动平均线等距离。布林带的默认设置是20期简单移动平均线——其总是运行在两个带的中间，与价格波动的2.0个标准差，其决定了上轨和下轨与20期简单移动平均线的距离。由这些带和中心移动平均线组成的布林带将目前的价格包在其中，并标记着可能发生交易的价格区间。上下布林带限定了在过去特定回溯时间内价格变动的标准差。因此，当布林带较宽时，我们知道交易股票已经或者可能将具有波动性。而当布林带变窄时，我们知道股票过去的交易价格波动幅度很小，且可能会持续这种状态。

第11章 布林带回调系统

布林带回调系统

作为微趋势交易者的目的，只有当价格达到和超过上轨与下轨之一时，布林带回调系统才变得有意义。为了使交易价格高于上轨，需要价格走势超过之回溯期所有价格的80%，意味着该股票处于超买状态且应该向（20期简单移动平均线）均值回调。如果交易价格位于下轨以下，该股票被认出处于超卖状态且应该出现反弹。布林带的这种功能是布林带回调系统的核心。

几年前，一位名为詹姆斯·阿尔托奇的对冲基金经理使用布林带对纳斯达克100指数进行了超过5年（1998-2003）的回溯测试。阿尔托奇测试的是一个简单的只有多头的布林带系统。该系统的规则是每当纳斯达克100指数中的任一股票触及并突破布林带下轨时，该系统将立即买进并持有至价格走势触及2期简单移动平均线。表11.1展示了阿尔托奇的测试结果。

表11.1 阿尔托奇对纳斯达克100指数的布林带系统5年测试

所有的交易	3 352
平均利润率/次	1.96%
平均持有条形线	9.4
赢利交易	2 428
亏损交易	924
赢单率	72.4%
5 000美元每次交易的利润	321 792美元

阿尔托奇设计的系统并不是一个易于交易的系统。当股市走低时，可能出现70或更多只股票同时触及布林带的下轨，当股市走高时，也可能出现同样多的股票同时达到布林带的上轨。尽管如此，上述结果说明了布林带系统具有限制边界的能力，而这种边界是价格走势的最可能的波动区间。一旦价格突破这些边界，它一般会迅速回调至布林带内，是对逆转到其均值（20期简单移动平均值）的过度补偿。由于这是一种经常重复的现象，我们可以对之前的系统进行简单微调以获取客观利润。

因为大多数价格运动都发生于两个带之间，所以我们需要重视任何价格超出带的情况。我的布林带回调系统正是专注于此——价格在布林带外部运行。我在寻找价格的极端走势，它超出布林带一定比率，且将从极端值用一个相反的运动向均值"回调"。

布林本人意识到价格运动突破布林带的力量，于是开发了第二个指标，名为%B。%B的公式与著名的市场技术员乔治·莱恩用于计算随机指标的公式相同。该公式较为简单：

$$\%B =（收盘价—下轨）／（上轨—下轨）$$

%B指标显示了目前的价格相对于布林带上轨和下轨所处的位置。如果价格处于布林带下轨，%B指标降为0。如果价格位于20期移动平均线上，%B指标升至50。如果价格触及上轨，%B指标将达到100。与数值固定于0至100范围内的随机指标不同的是，%B指标的数值可以为负值也可以高于100。%B指标越小于0，价格就越远低于布林带下轨。%B指标越高于100，价格就越高于布林带上轨。而布林带回调系统搜寻%B的极端读数。当%B指标的数值高于110（对空头）和低于-10（对多头）时，入市信号就被触发。

为了最大限度捕获这些极端价格运动，我们将压缩带宽，以增加每天符合系统要求的股票数量。为弥补由压缩带宽而增加的风险，我们将预期利润由回调至移动平均线改变为第一次返回布林带时退出。同时，我们在所有交易中都使用了追踪止损点和时间止损点。

第11章 布林带回调系统

布林带回调系统的交易结果确实不错。在波动性市场环境下，该系统能在30%至40%的波动幅度内发现1至5天的价格运动。而在其他市场条件下，可能会出现一连几天甚至几个星期，没有一只股票突破布林带的情况。尽管如此，由于平均每天约3只股票突破布林带，在大多数市场环境下，大多数时间，你都能找到适合该系统的交易对象，或者做多，或者做空，或者两者都做。

2009年3月，在我举行一系列在线微趋势交易讨论会之前，我第一次回溯测试了布林带回调系统。从此以后，我多次使用该系统进行交易，并对其规则和参数进行微调。在修正该系统之后，我在2009年7月1日至2010年7月1日对该系统进行了为期1年的多头和空头屏幕回溯测试。在此期间，有些交易日没有发现备选股票，而有些交易日却出现许多备选交易对象。在那些出现超过5只备选股票的交易日，我首先提高%B指数，并选择5只具有最大交易量的最低价股票。由于有些头寸要持有长达5天，同时我也希望尽量满仓操作，我将自己虚拟的40 000美元资金账户分成8个头寸，每个5000美元。我同时持有不多于10个头寸，当需要时使用10 000美元的保证金（在我的回溯测试中，保证金只使用过4天）。

需要指出的是，在交易日中该系统自身会通过周期性运行屏幕开展工作。由于该系统的本质是捕获实时价格波动，因而可能一只股票在东部标准时间上午10：30突破布林带，可能在上午11：00没有突破布林带。当然，回溯测试是在收盘后进行的。因此，有些图在回溯测试中会出现在屏幕上，但是却可能永远不会出现在实时交易中。所以，下表显示的结果是非常理想化的回报。

表11.2显示了为期1年的布林带回调系统回溯测试结果。

表 11.2 布林带回调系统统计资料

系统	布林带回调系统
类型	回调，多头和空头
期限	2 至 5 个交易日
回溯测试	260 个交易日：2009 年 7 月至 2010 年 7 月，多种股票
使用图表	附有布林带的日 K 线图
交易	882 次交易：70.9%的赢单率，每次交易净收益为 4.78%
利润	40 000 美元账户资金的收益为 210 798 美元（年投资回报率 527%）
止损点（多头）	入市价以下 10%，追踪
止损点（空头）	入市价以下 10%，追踪
目标退出点	多种多样（见下）

布林带回调系统：参数

我的布林带回调系统设置如下：均线为 10 期简单移动平均线，我使用偏离均值 1.5 倍的标准差设置上轨和下轨。我的%B 指数的触发信号为 10%。为了计算这个，我简单地用 0.9 与下带相乘，并用 1.1 与上带相乘。一旦设置好屏幕——一个用于多头，一个用于空头——我将在开盘一小时后每半小时运行一次，并对突破布林带的股票进行交易直至满仓。如我之前所说，有些交易日整天都未出现适合交易的股票，而有些交易日出现很多备选股票以至于有点不知所措。第一类交易日令人沮丧但不会出现损失。然而，如果你不细心，第二类交易日给你的账户会带来损失。因此，我将使用一种策略，把大量通过筛选的股票缩减到只有那些最有可能出现强势逆转的股票。

为使用布林带回调系统，请将表 11.3 中的设置应用至图表中。

第 11 章 布林带回调系统

表 11.3 布林带回调系统设置

图表时间	日
图表类型	K线，条形图或线条图
指标	布林带（10，1.5）
叠加	无

下面介绍的是寻找并使用布林带回调系统交易备选股票的精确步骤：

布林带回调系统

第一步：在东部标准时间上午 10∶30，运行设置为"昨日盘中更新"的如下两个屏幕：

a. 看涨屏幕：

［type = stock］and［daily sma（20，daily volume）> 200000］and ［daily sma（60，daily close）> 2］and［daily close <= daily lower bb（10，1.5，daily close）* 0.9］and［daily open > daily lower bb（10，1.5，daily close）* 0.9］

b. 看跌屏幕：

［type = stock］and［daily sma（20，daily volume）> 200000］and ［daily sma（60，daily close）> 5］and［daily close >= daily upper bb（10，1.5，daily close）* 1.1］and［daily open < daily upper bb（10，1.5，daily close）* 1.1］

如果通过这两个屏幕筛选的图数量超过 5 个，进行第二步。如果通过筛选的图在 1 至 5 个之间，进行第三步。如果没有图通过筛选，等待 30 分钟并再次筛选。

第二步：如果超过5个图通过其中两个屏幕之一的筛选，对多头，将%B指数提高至0.85，对空头，将%B指数提高至1.15。如果通过筛选的图数量仍然超过5个，选取该交易日成交量最高且价格最低的前5只股票。

第三步：筛选之后尽快以目前的市价对备选股票建立头寸，多头和空头。

第四步：在第一个交易日收盘时，为每一个头寸设置Good'Till Cancelled（GTC）10%追踪止损点（对空头，高于入市价，对多头，低于入市价）。

第五步：按如下方式退出交易（以最先出现的方式退出）：

a. 在止损点
b. 在布林带内第一次出现的赢利收盘价
c. 在入市后的第4个交易日收盘时

注意，在第四步中，我们直到第一个交易日收盘时才对新的头寸设置止损点。出现交易信号的交易日市场走势波幅较大且难以识别趋势，在触及极端轴心点之前，价格快速背离入市价。从风险角度看，这意味着有两点很重要：入市日风险较高，因为股价经过一夜的平息之后才会出现回弹，而你没有适当的止损点以防止损失。其二，如果第二个交易日股价未出现高开，由于价格触及止损点，你可能需要承担超过10%的损失。回溯测试中出现的最大损失接近30%。因此，当你运用布林带回调系统建仓时，你必须谨慎选择交易头寸的规模。考虑到我曾获得的最大收益是在两个交易日中投资回报率超过75%（见下），很明显收益远远超过了承担的风险。

第 11 章 布林带回调系统

布林带回调系统：例

布林带回调系统在大盘股和标普500指数（S&P500）成分股的交易中表现稳定。由于这些股票的市场走势很少出现极端波动，当极端走势出现时，一般被看作是过度买卖或逆转时机成熟的信号。如图11.1所示，Weyerhaeuser（WY）股票出现了两次具有赢利性的回调，而该股票总体走势平稳且贝塔值较低。注意：当计算机错误引起过度卖出股票，并产生了评论员所谓的"闪电崩盘"时，该日WY股票的第一次入市信号出现。在那个糟糕的交易日，基本上所有标准普尔500指数的成分股甚至标普500指数自身都出现了回调入市信号。

图11.1 WY股票的两次布林带回调系统交易

Sonic Solutions 公司（SNIC）股票的价格波动性较大，经常出现在我的高贝塔值备选清单中。图 11.2 中我所喜欢的图是在 3 个月周期中，尽管 SNIC 股票价格一路走低，但却出现了 3 次具有赢利性的布林带回调系统交易时机，且都为入市交易。虽然股价跌了一半，从 4 月的高点近 14 美元跌至 7 月的 7 美元之下，但是这 3 次交易的总收益率达到 27%。

图 11.2　SNIC 股票的三次布林带回调系统交易

Prologis Trust（PLD）是标普 500 指数中少有的具有高贝塔值（>3）的股票之一，该股票创造了我进行回调交易所获得的最高回报率的纪录：2008 年 11 月 12 日至 13 日，我在两个交易日内创造了 75.7% 的收益率。当我在 12 日下午运行屏幕时，PLD 股票和其他一些股票一起出现。然而，在这些股票中 PLD 股票的成交量最大且股价最低，于是我以当时的 3.5 美元的价格买进 PLD 股票。因为 PLD 股票曾在该交易日早些时候以

4.5美元的价格触及%B（10）指标，所以以3.5美元的价格入市是很幸运的。第二个交易日，我以6.15美元的收盘价售出了这些股票！真是非常完美（图11.3）。

对于PLD股票，这个创纪录的交易（图11.3）仅仅只是众多成功的回调交易的第一次。因为PLD股票是一只重要的股票，为所有主要的大盘股和指数基金所持有，任何当日抛售都将吸引大资金买家，他们希望以低价买进。正是这种市场环境使得该系统表现优异。图11.4展示了PLD在2个月内出现的6次多头，尽管股价下跌了65%，但我获得的总利润率近100%。

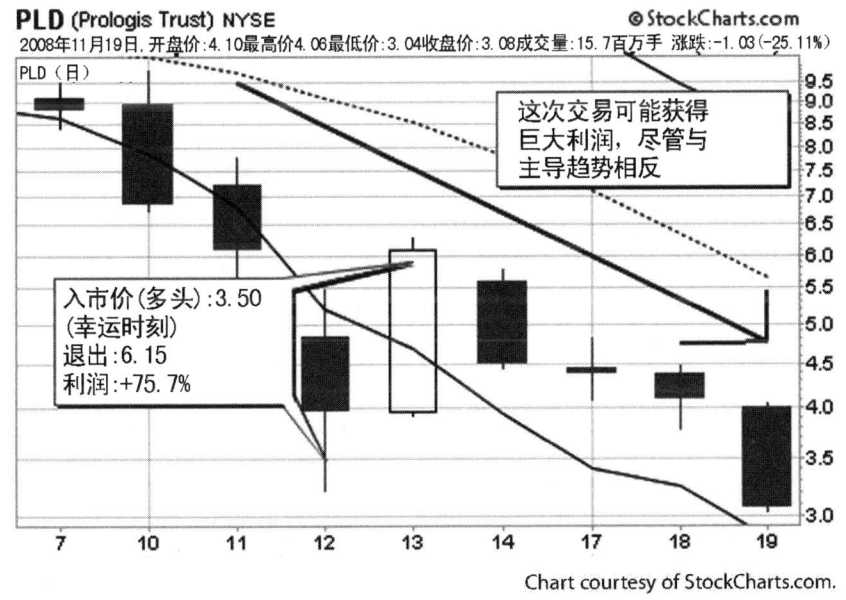

图11.3　PLD布林带回调的高额利润

图 11.4　PLD 股票的六次布林带回调交易

　　使用布林带回调系统进行卖出交易似乎并不频繁。尽管该系统的空头交易也是可获利的工具,但是交易结果似乎不及多头交易。在市场强势走高时,如果你只期待多头交易,你可能一连几个星期都没有交易。因此,最好每个交易日同时启动入市和卖出屏幕。注意,我将卖出屏幕的最低价设置为每股 5 美元,因为大多数低于该价格的股票不适合做空。

　　图 11.5 显示了 Wabash National 公司（WNC）股票的 3 次空头回调信号。在止损点退出时,第一次卖空交易产生了 10% 的损失,而后两次卖空交易的总回报率为 17%,因而三次交易的净收益率为 7%。该结果不及在同样时间段入市—持有策略获取的收益,但是在走高的趋势中进行卖空交易已然证明了该系统查找赢利性反转价位的能力。

第11章 布林带回调系统

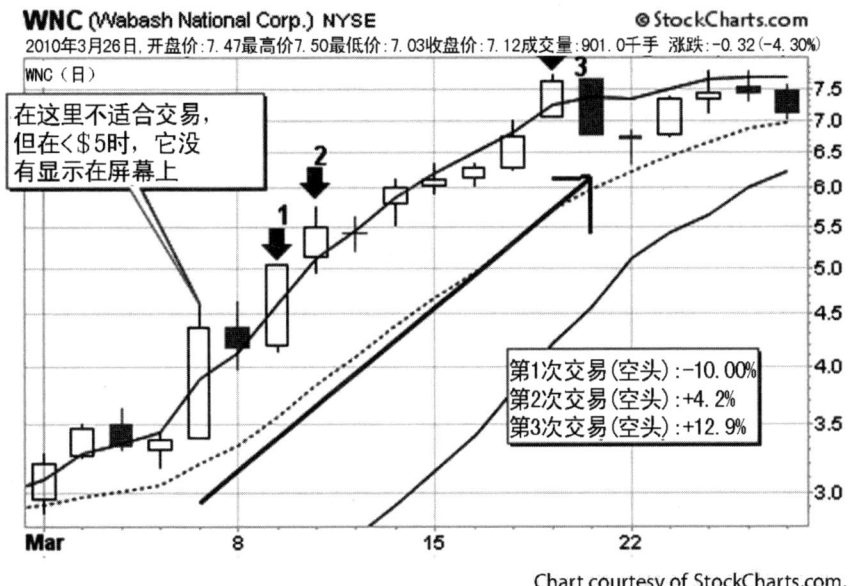

图11.5 WNC股票的三次布林带回调系统交易

在本章结束之前，我将介绍在使用布林带回调系统时需要避免的一些交易。我曾通过一定的方法将一些由于突发信息导致股价拉升或下跌的股票排除在外。尽管如此，有的股票偶尔也会潜入通过筛选的股票中，潜入股票的开盘缺口或多或少高于适合卖出的上带%B（10）指标，或者低于适合买进的下带%B（10）指标。如果开盘缺口非常接近该数据，最好将该图从备选清单中删除。在大多数情况下，缺口是由诸如买断、剥离、股利分配或者其他一些事件的消息导致的，这些事件迫使分析人员重新评估公司股票的价值。这种类型的重估缺口不可能在5个交易日内回补。而该股票新的市场价值将创造一个价格，其是股价的支撑位或阻力位，阻止布林带回调系统所寻找的反转变动发生。

Metabolix公司（MBLX）股价图（图11.6）代表了我们想看到的股价运动。大多数情况下，突破布林带上轨和下轨的股价运动与之前的价格走势相关，且未出现高于±%B（10）指标的价差。在类似这样的图中，突破布林带的极端价格运动就像被大海推向海滨的波浪。在它们出

现之前,由潮汐和风形成的动能不断积聚,如同买者与卖者日常的争辩。如能量在大海中积聚并时不时地形成非同寻常的大波浪一般,入市和卖出股票的交易也能产生大的价格波动,且这种价格波动是我们可识别和利用的微趋势系统。

图 11.6　MBLX 股票正常的极端价格运动

图 11.7 展示了我们在屏幕上不愿意看到的极端股价运动。2010 年 5 月 24 日,在美国股市开盘之前,Odyssey Healthcare 公司(ODSY)发布公告,称它已接受 Gentiva Health Services 公司超过 10 亿美元的买断计划。由于该信息的披露,ODSY 股价在开盘时飙升近 40%。不管我们的扫描参数,该图出现在我的附有布林带回调系统设置的卖出屏幕上。就像后来你所看到的反映该公司新的市场价值的股价运动,股价未出现反转变动。

第 11 章 布林带回调系统

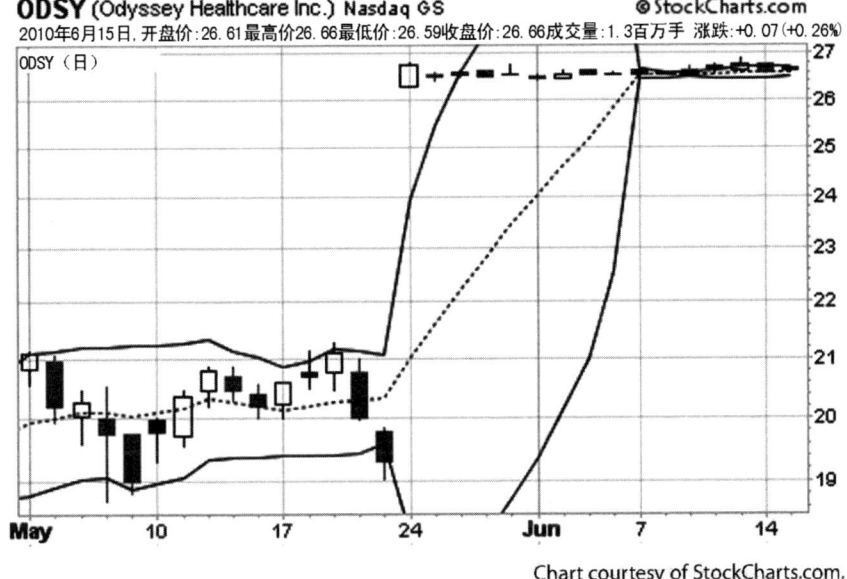

图 11.7　ODSY 股票非正常的极端价格运动

布林带回调系统是我最具赢利性且最长使用的微趋势交易系统。同时，它也是我所有系统中最危险的系统，它会将你暴露于最高级别的风险之下。因此，在进行新的回调交易之前找出限制风险的方法显得尤为重要。限制风险也意味着限制了你的潜在收益，但是如果你想长期参与交易，就必须这样做。

限制风险的一种方式是尝试在运行该系统时增加市场价值屏幕。将任何微盘股或小盘股（或者甚至中盘股）排除在外，有助于你在大多数持续获利交易（设置）时攒钱。正如前面阿尔托奇的结果所证实的那样，专注于主要指数的成分股仍然是一种从布林带回调系统中获利的有效方式。限制风险的第二种方式是在这些设置中考虑交易期权。入市最近到期的价外期权能够将损失限制在期权费的一部分。同时，因为你最多只持有交易 5 天，你将不会承受太多的价值损失。你也可以进行这个

系统的价差交易,尽管这个策略可能更严重地限制了你的潜在获利能力。至少,在你建立每一个头寸之前,强烈考虑降低你通常的头寸规模。如果股票看起来有风险,可能就有风险。风险股票肯定是这个系统大资金来源的地方,但是如果你不小心的话,它们也是你损失资金的地方。我给出的忠告是:如果你希望交易风险证券,交易量小一些!

第12章 月转换系统

关于某一特定日期对于股票市场行为影响的研究受到越来越多的关注。这些周期异常的研究从非常高端的学术——在一系列如金融定量分析等期刊中的长篇大论，到非常神秘的甚至怪诞的文章。假设将股票市场的波动与月球、行星的循环，或者地理位置，或者其他一些神秘的东西如"全球意识"联系起来。我指的是，继续，人们如此生活。

但是，有些季度效应正接受着考验。一些老投资者的说法，"五月卖出后离开"，是基于经过历史验证的日历效应，也就是在比较炎热的夏季，股票的表现比这午的其他时间相对较弱。另一个关于日历效应的例子是由于一月效应，每年新年过后，冷门股、低价股趋于涨得更多。还有一个关于日历效应的现象，就是主要市场每四年产生一次循环，并且这些循环的顶峰都与总统大选有关。

有必要说明的是，这些众所周知的理论现在已经被人怀疑。例如，如果你真正采取了"五月卖出"的建议——5月1日卖出你的股票，11月1日再买回来——你就会使你的收益减少25个百分点。从1933年以来，在夏季-秋季期间，整个市场的平均收益为+2.5个百分点，并不是损失。一月效应同样也失去众望。根据广泛流传的效应理论，交易者和资金管理者会在12月份时买进小盘股，以期望1月的变动。而现在，便宜的股票在12月份的上升趋势比在1月份的时候更大。并且，如果它们

在12月份就趋于上涨的话，不久大家都会在11月份购买这些股票。这就是季度效应及市场循环规律变淡直至消失的原因：它们太常见了！

说了这么多，应该注意的是并不是所有的日历效应都是一样的。至少有一个，不管它变得多么为大众所知，依然保持着它稳固的市场地位。它不是"节日前效应"（股票价格在市场节日前会有上升的趋势），也不是"收益公告前效应"（股票在盈利公告前会有上升的趋势），也不是"星期五/星期一"效应（股票价格在星期五会上升在星期一会下降）。所有这些观察到的异常现象都曾经出现过。但是，由于这些现象太为人熟知了——部分归功于追踪这些现象的股票交易年鉴，它们的效应已经改善。每一个受冗余影响的致命缺陷就是它们都没有根据巨额投资者买卖股票的情况。如果一种日历效应会影响市场行为，它必须与必然发生的季节性规律有关，而与类似节日前气氛或者星期一早晨蓝天的短暂现象并没有关系。

在最后的微趋势系统中，我将描述一种日历效应的交易方法，其与季节性的牛市有着固定的联系。这是与日历有关的机制，不管有多少人了解这种机制，它都会月复一月地不停地产生收益。虽然我的系统只研究了偶然发生的交易，但它依然对你的其他微趋势交易工作是个有利的补充。在我所有的微趋势交易系统中，这是最容易交易的系统。没有图表要看，没有需要运行的程序，也没有需要检验的技术指标。你所需要的全部只需一本日历和一个交易账户。

月转换系统概述

这一部分，我将凸现一种微趋势日历效应机制，该机制被证明是一种持久的金钱制造者。这种机制每月只产生一次交易——每年12次交易——事实是这种系统的潜在收入慢慢地减少。这一系统的唯一交易工具是标准普尔500指数，相对稳定的证券。如果你想令你的回报更加激动人心，你必须想办法放大你的头寸。你容易做的事情是提升你的交易工

第 12 章 月转换系统

具，使其能乘以标准普尔的变动。先前我提到过两组 S&P ETF 对，ProShares Ultra S&P500 基金与它的反向基金 ProShares Ultra Short S&P500 基金（SSO/SDS），以及 Direxion Large Cap Bull 3x Shares 与它的反向基金 Direxion Large Cap Bear 3x Shares（BGU/BGZ）。这些分别乘以 S&P500 指数 2 和 3。对于更大的杠杆，你可以交易这些超级交易型开放式指数基金（ETF）对的高成交量、价内期权。最后，同样适合的是电子迷你 S&P 期货合约（ES），对于有钱的交易者，完全的 S&P 期货合约（SP）、最大量交易的期货合约也适合。电子迷你 S&P 每份合约每点收益 50 美元（完全合约每点为 250 美元），且仅需要 6 500 美元在你的账户里，隔夜持有一份合约。这些统计资料使得电子迷你 ES 是交易这个微趋势系统的理想工具。

我先介绍这个体系，并且简单说一下关于收益的问题。我将讲的机制会用到许多市场观察者称为的"月交换效应"。这个日历效应着眼于所有日历效应中持续时间最长的牛市周期的一个。它是被一个具有大量信息的书股票经纪人年鉴的作者耶鲁·赫希首先发现的。赫希注意到股票在每个月的最后几个交易日会有很强的上升趋势，并且下一个月的最初几个交易日也有同样的情况。

月转换效应背后的理论基础是机构基金经理被要求在每个月交替的时候购买股票，尤其是标准普尔 500 的股票，由于资金从雇员工资账户流入到养老金账户。这种效应会在每个财政季度的末尾放大（3 月、6 月、9 月和 12 月底），由于套利基金经理每季度根据投资效果得到支付，因此，他们通过投标高飞涨的股票和板块（这就是所谓的窗口期效应）来提高收益。因此，只要有养老金账户和套利基金经理，月转换日历效应就会持续对股票施加向上的影响，这就是我们可以交易获利的关键。

查克·休斯，著名的期货交易者，进行了 53 年的这种特殊的日历效应的验评，从 1949 年到 2001 年，并且发现在月度转换时，所持资产具有超常表现。仅仅使用 S&P500 本身，除了每个月利润再投资外不使用

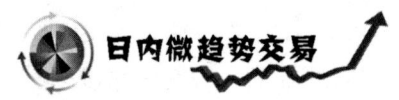

杠杆，表 12.1 表明月度转换系统获得的收益。

表 12.1 月度转换机制的收益（53 年的回溯测试）

所有交易	472 次
获胜的交易	354 次
赢单率	75.0%
赢单的年数	94.3%
总的毛收益（$ 10 000 起始资金）	4 096 108 美元
ROI 总的百分比	40961%
平均每年 ROI	772.0%

从任何人的标准来看，这都是非常异常的收益。从 10 000 美元增长到 4 百万美元会使华尔街野营到你家门口，询问其中的秘密。在你兴奋过度之前有几件事情需要注意。第一，表 12.1 列出的收入包括了当不投资于 S&P500 时，投资财政债券的利息收入（现在财政债券的收入几乎可以忽略不计）。第二，你必须注意，472 笔交易并不等于 53 年中每个月都进行这个系统的交易。如果是这样的话，应该是有 636 笔交易。然而，查克·休斯的回溯测试略掉了 164 个月（下面会解释其中的原因）。最后需要注意的是，这个系统花了 53 年才积累了 4 百万美元的钱。这的确是很长一段时间。考虑到每个月收益的复利，就得到每年 12% 的收益，大概每个月 1%，仅仅超过同一时间 S&P500 收益一点点。每年仅仅 12% 并没有错，尤其是当考虑这个系统只有 17% 的风险暴露比例（83% 是投资于安全的财政债券）。然而，你可以通过提高头寸的杠杆比率而做得更好。

查克·休斯在回顾他长达 53 年 164 个月的交易生涯中，在他的交易系统中有两个原则。第一，"五月卖出"的传统智慧，他从不在 7 月或

第12章 月转换系统

者8月交易。第二，如果一个月收益大约5%，他也不会进行交易。我建议大家要摒弃这两个所谓的原则。我自己10年交易数据回溯测试结果（见如下结果）显示：在更多的市场情况中，7月和8月可以获得更高的收益。在过去10年中，虽然5%收益原则似乎有些道理，但是避开强势上涨的月份并不会增加你的收益，不会帮助他们。然而，为了简化和增加收益，我不得不增加这样一条原则：在每个月最后两天入市标普指数，然后在月底的三天之后卖出。这样，每一次交易都可以获得这5天的最大收益。你也可以把5%固定止损点置于每次交易中，这样可以限制你的最大损失（我最大损失为7.8%），它也可以止损出局，否则你就会承担更大的损失。

我在这个系统进行了120个月的回归测试，时间从2000年5月开始，以决定系统中的最佳工具。这个回溯区间，包含了互联网泡沫的大牛市、9.11的急剧下跌，也包含了后9.11阶段的回升，信用/房地产危机，以及现在熊市的反弹。这是股票市场上最跌宕起伏的10年。由于系统在平稳、上升趋势的市场上表现良好，所以这是其获利潜能的最公平的测试。

我一开始只用了S&P500 SPDR's（存托凭证）（SPY）运行数据。接下来我在两个头寸之间通过购买iShare 20年以上的长期国债ETF（TLT）增加了人们接受的资本收益和股息。有一个2倍杠杆率的20年期的国债ETF（UBT）—ProShares Ultra 20+年财政债券，但是在我写这本书的时候，它的流动性不是很好，所以也不做推荐。过去10年中债券的牛市收益很高，是我个人收益的两倍之多。表12.2是我得出的结果。

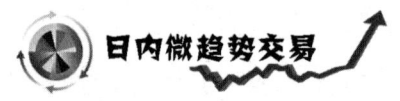

表 12.2　月转换系统的收益（10 年回溯测试）

所有交易	120 次
赢利的交易	83 次
损失的交易	37 次
赢利的年数	10 年中的 9 年
总的净利润（SPY，$10 000 起始资金）	8 459 美元
总的净利润（SPY/TLT，$10 000 起始资金）	20 084 美元
总的 ROI（SPY/TLT）	201%
每次交易平均 ROI	0.55%

在用 SPY 的回溯测试中，可以看到我的头寸的 70% 是盈利的。只在 2009 年是亏损的，主要是因为在 2009 年的 2 月份这个系统使我遭受了 (7.8%) 最大损失。201% 的总 ROI 是一个非常理想的数字，特别是同时期的 S&P500 本身收益率远高于 12%（见下）。但是这个系统性本身平均年收益率只有 8.5%——去掉从 TLT 得到的收益——就不那么令人兴奋了。所以我们继续审视增加一些杠杆。

有四种方法可以提升这些收益，值得去交易。第一种，用 SSO 代替 SPY。SSO 是跟踪 S&P500 的 2 倍杠杆的 ETF。如果 S&P500 上涨 2%，那么 SSO 则会上涨近 4%（反过来，则二倍下跌）。为了使用更大的杠杆，我们可以使用 BGU，3 倍杠杆于大盘 ETF。BGU 跟踪的是罗素 1000，相对于 S&P500，它的振幅会小一些。所以，BUG 更像是 2.7 倍的杠杆，而不是 3 倍的杠杆，但是比 SSO 有明显的增长。为继续增加杠杆，我们可以用 S&P500 电子迷你合约（ES）。它是这个系统交易的首选。每份合约只要求 6 500 美元的保证金，而按目前的市场价格，需要 11 000 美元便能交易 100 股 SPY。由于电子迷你合约适合的杠杆以及低的资本要求，我们得到很高的收益率。最后是 SP 的完全期货合约，它的收益率是最大的。但是保证金的要求也更高一些，超过 25 000 美元的维持保证金。

表 12.3 是每个杠杆工具在 TOTM（月转换系统）中的交易表现（剔除

TLT 的收入）

表 12.3 月转换系统的杠杆收益

不考虑 TLT	10 年 ROI	年化 ROI	10 000 美元的利润
S&P500 买进并持有	(12.8%)	(1.3%)	($ 1 280)
TOTM, SPY	84.6%	8.5%	$ 8 459
TOTM, SSO	169.2%	16.9%	$ 16 918
TOTM, BGU	228.4%	22.8%	$ 22 840
TOTM, ES（$ 6 500）	614.5%	61.5%	$ 39 944
TOTM, SP（$ 25 000）	798.9%	79.9%	$ 199 720

很显然，ES 以 61.5% 的平均年收益率（净收益，包括复利）且小于 25% 的市场暴露风险——是一个赢利工具，是一个对你赢利最好的杠杆。虽然 SP 收益率要更高一些，但是没有人会愿意多出四倍的钱来交易它。

注意，在我的回溯期中，S&P500 的表现十分糟糕。这也证明了月转换系统的获利能力是在即使市场趋势下降时，仅做多的系统也能 10 个月中 7 个月获利和 10 年中 9 年获利。

表 12.4 是在加入了 TLT（75% 暴露）的资本收益和股息之后同样的 10 年回溯期月转换系统（TOTM）的结果。

表 12.4 考虑 TLT 的月转换系统的杠杆收益

考虑 TLT	10 年 ROI	年化 ROI	10 000 美元的利润
S&P500 买进并持有	(12.8%)	(1.3%)	($ 1 280)
TOTM, SPY	200.8%	20.1%	$ 20 084
TOTM, SSO	285.4%	28.5%	$ 28 543
TOTM, BGU	344.5%	34.5%	$ 34 465
TOTM, ES（$ 6 500）	793.4%	79.3%	$ 51 569
TOTM, SP（$ 25 000）	845.4%	84.5%	$ 211 345

同样的，ES 电子迷你合约又是最大的赢家。具有这个增加的杠杆和对市场下滑起到了很好的缓冲作用的 TLT 的稳定收益率，对于不活跃的交易者来说我们这里有了一个很好的独立交易系统。单独使用这个系统，每个月只需登录两次———次买进 ES 卖出 TLT，另一次是 5 天后一次卖出 ES 入市 TLT，就可以获得很高的收益。每年这样做 12 次，你可能是在缓慢但稳定取得财富的路上。

月转换系统：参数

月转换系统的参数很简单。如前面所说的，合理地使用这个交易系统，你只需要一个日历和一个交易账户。不用图表，不用检查指数，不需要数 K 线。事实上，你只需要每个月打开你的交易账户两次，每次仅需 5 分钟。想象一下，开一个 6 500 美元（维持单个 ES 合约头寸需要的最低值）的账户，每个月最多只需 10 分钟，然后每年坐收 5 000 美元的收益，如果计算复利的话就更多。而这仅仅是一份合约的收益。如果你有 50 000 美元的账户，那你每年就可以收入近 40 000 美元。如果是 100 000 美元，你的收益则会成为一份像样的全职收入。这个系统无论是对全职的上班族还是希望补充家庭收入的全职妈妈，甚至希望赚点学费的大学生都是绝佳的微趋势交易系统。

这里是系统本身。这也是它的全部。系统可能并不简单。我在这里列出考虑 TLT 的系统。如果用此系统交易，同时还用了其他很多个微趋势交易系统，那么你最好不要入市 TLT，因为你肯定不想让那么多现金每月都被冻结 15 至 17 天。但是，如果你很有钱或者它只是你少有的几个交易系统之一，我推荐你加入 TLT 头寸。它将大大地稳定这个系统产生的现金流。

第 12 章　月转换系统

月转换系统

第 1 步：在每个月最后的交易日（不计数半天）前两天开盘的时候，入市下列之一：

  a. SPY（S&P500 无杠杆 ETF）

  b. SSO（S&P500 两倍的 ETF）

  c. BGU（S&P500 三倍的 ETF）

  d. ES（S&P500 电子迷你期货合约）

  e. SP（S&P500 完全期货合约）

第 2 步：以每月月底之后第三天收盘价，卖出 S&P500 头寸，用同样数量的现金购买 TLT。

第 3 步：以每个月最后交易日前两天的开盘价，卖出 TLT，然后重复第一个步骤。

可选项：你可以在 SPY 头寸设置 5%的硬止损点。这样不但可以在急剧波动的市场减少更大的损失，也可以让你锁定获利的仓位。

月转换系统：例

因为没有屏幕运行，没有图表来检查机制，所以没有必要用图显示系统机制可能像什么。然而，我可以举一些在不同类型市场中系统如何起作用的例子。

最近的例子是从 2010 年 3 月到 6 月的一个四个月期限的例子，当时市场在 12 个月的小幅震荡上升之后急剧下跌。注意在图 12.1 中显示的四个交易，唯一损失发生在过渡月，当时波动率出乎意料地出现从 18 点到 42 点的急剧上涨。S&P500 +32 个点的总收益转换为四个月的如下收益：SPY +2.9%，SSO +5.8%，BGU +7.8%，ES +24.6%，SP +25.6%。6,500 美元投资的每份 ES 合约获利 1 600 美元（不包括 TLT 的收益）。年化收益为 4 800 美元或+73.8%的 ROI，与我十年的回溯测试数据吻合。

图 12.1　2010 年的月转换交易

如果我们把日历向前翻 12 个月，观察 2009 年同样的四个月，我们就会看到一个十分相似、只是完全反过来的情景。在图 12.2 中，我们可以看到在信用危机熊市市场的末端向很好支撑的市场反弹开始转换。再一次，在四次交易中唯一的损失发生在过渡月。事实上，这是 10 年回溯期内所有 120 笔交易的最大损失（S&P500 下跌 7.1%，SPY 下跌 7.8%）。然而，在下三个月的牛市中，损失很快被挽回。总共 67 个点的上涨转换成四个月的如下收益：SPY +8.9%，SSO +7.9%，BGU +24%，ES +51.5%，SP +53.6%。6 500 美元投资的每份 ES 合约获利 3 350 美元（不包括 TLT 的收益）。年化收益为 13 400 美元或 206% 的 ROI，远高于我十年的回溯测试数字。

第 12 章　月转换系统

图 12.2　2010 年的月转换交易

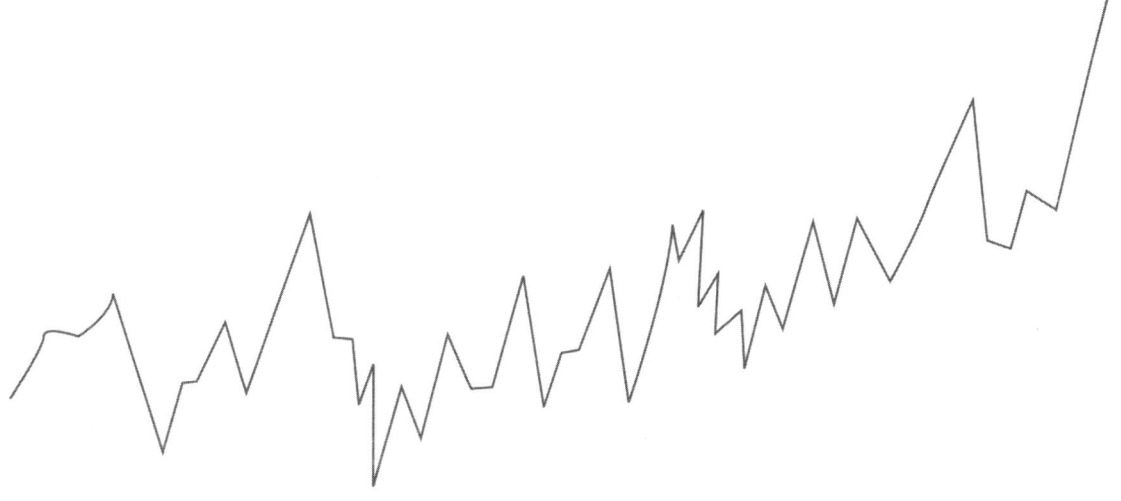

第四部分 附录

第13章 交易是赌博的一种形式吗？

杰克刚从商学院毕业，作为一名热门的投资银行家，一年内赚到了40多万。在他24岁时就挣到了100万。30岁时，他在纽约郊区拥有了一座占地2.4英亩的大房子，幸福地结了婚并且银行存款超过了300万。在杰克到达成功顶峰后不久，他的世界就崩塌了。他的妻子离开了他，他用大房折价贴换了一套小公寓，并且负债60万，濒于破产。他晚上躺在床上唯一可以想的事就是如何自杀。

克里夫在洛杉矶警察局工作了25年后，62岁时退休。他和他妻子从克里夫的薪水中努力存了25万，这些钱他们计划用来建造属于他们自己的梦幻养老院。他们买了一小块土地并及时动工。4年后，在房子接近完工时，克里夫拿了3瓶威士忌和一把左轮手枪驾车不告而别。他打电话给他妻子，告诉她他们的积蓄已经彻底用完，现已负债累累，他正驾车在洛杉矶寻找一个自杀的地方。

我们还可以再说几个这样的故事，比如一名一度拥有500万养老金的60岁的退休股票经纪人。两年后，存款减少到10万。又或者另一个关于一个家庭妇女和她兢兢业业工作的丈夫为了他们的孩子所存的15万大学学费，最后成为零。再或者一对27岁的职业夫妇，在8个月内用尽他们毕生的积蓄；他们家新近添丁，丈夫却被自杀的想法所折磨。

这些人都有一个共同点：他们都沉迷于即日买卖。他们每天花费好几

第 13 章　交易是赌博的一种形式吗？

个小时将自己关在昏暗的房间里盯着电脑屏幕，当他们紧张兴奋地在网上查阅寻找下一个"大事件"时，刺耳的美国全国广播公司财经频道的广播声隐隐传来。当事情进展顺利时，他们有一种强烈的满足感；相反，事情不如意时，他们也饱尝自我厌恶的滋味。他们每个人一开始都有大量资金。他们均以输光进而借更多钱。当借更多的钱都无济于事时，他们均考虑将自杀作为他们唯一的出路。

好消息是他们每个人都得到了帮助。一些人是通过咨询机构，一些人是通过通情达理的配偶，还有些人是通过类似于赌博者互诫协会的组织。他们能够放下枪和酒瓶从交易中走出来。但并不是每个人都如此幸运。

1999 年的春天，44 岁的亚特兰大著名化学家 Mark Barton（巴顿），在 All-Tech 投资集团完成了一门昂贵的即日交易课程。在那里他学习了动量的高压系统和订单流交易，要求一个人去留神磁带里的每一个滴答声的过程。巴顿满怀希望地在如火如荼的牛市中开始交易。不久，他就意识到即日交易并不是看上去那么容易。几次打击后，他已经负债 10 万美元了。巴顿开始绝望了，进而他的精神崩溃了。他回到家，拿起铁锤，将他的妻子和两个年幼的孩子重击致死。然后他装了四把手枪走进 All-Tech 公司的办公室，射杀了 9 人，打伤了 12 人。当他被警察包围时，他举枪自尽，结束了在亚特兰大历史上最疯狂的杀戮。

成瘾的警告标志

这些诚然都是警世小说。其提示了短期交易的易上瘾和潜在危害的本质。一个人可以着迷于巧克力、电视体育运动或者长跑，不会有严重后果。但是，即日交易成瘾者则赌上了婚姻、房子、家庭、健康和财务安全。他们不考虑可能带给自己或者他人的伤害，他们也不理会如果失败了将面临的羞愧感。他们对所爱的人隐瞒亏损直到一切无可挽回。对他们来说，没有什么比成为下一个市场赢家更重要的事。

那么，我提到的这种"积极"交易是一种赌博形式吗？如果赌博的定

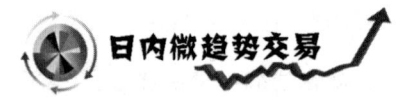

义是,基于对一个不确定结果的预测,而押上可能会失去的赌注,那么这里所提及的"积极"交易即是赌博。在一只股票上建立头寸,多头或空头,是预测这只股票未来价格运动的结果。如果一个人的预测是正确的,这个人就"赢",而如果预测不正确,则这个人就"输"。既然一只股票未来价格运动的结果,严格来讲是不确定的,那么交易即是一种形式的赌博。

我可以听到反辩声:不确定性难道没有优势?交易系统的内容难道不是赢得那个优势?是的,这本书里所提及的每个系统都是基于随机结果的预测,有一个概率优势。每个系统均证明了基于过去观察到的行为模式,自己对价格变动能做出合理的断言。但是,在一天结束之时,股票市场是一场零和游戏。你所买的每一只股票都是别人所卖出的。你从市场赚到的每一分钱都是别人损失的。那么,真正的"优势"在哪里?在拉斯维加斯的赌博或者叫博弈中,庄家是有优势的。在股票市场中,出价—要价差与佣金保证了股票经纪人和做市商有那个优势。

如果"积极"交易是赌博,那么,赌博就可对一些人造成破坏性的伤害,一起避免它难道不是最好的吗?难道我们不应该都成为被动的投资者,把钱交给资产管理人,并指示他去买一把指数基金吗?问题是被动的购买—持有投资已经12年多没有奏效了。标准普尔500(S&P500)现今(2010年中)与1998年的价格相同,而比2000年的低!并且,证据表明消极投资近期不会奏效。如果想有持续取得资本收益,在避免交易上瘾危险的同时,我们必须找到积极管理资金的方法。

那么是什么引起了交易成瘾?成瘾交易者,是不可能赚大钱的。这很简单地给了交易以合法性。事实上像乔治·索罗斯和吉姆·克莱默那样的人赚了很多钱,就说明我们可以公开宣称自己是交易者,并且不会排斥它。我们完全不必像毒品或者色情成瘾那样隐藏我们的交易。事实上,在大多数社交聚会上,你可以告诉人们你是股票交易者,很快,你就会被一群对此感兴趣的人将你当作摇滚明星一样围住。因此,快速致富的可能性

第13章 交易是赌博的一种形式吗？

会使交易合法化。那么，是什么引起了交易上瘾呢？简言之，是其中所含的冒险。

是肾上腺素泵引起了上瘾，并且是冒险因素助长了它。成瘾交易者与寻求刺激的人们在以下方面并没有区别：奖赏并不在于跳出飞机、爬珠穆朗玛峰或者游吉利海峡；而是体验这些活动中的冒险。一个交易成瘾者的快乐来自承担更多的财务风险，甚至当其意味着失去越来越多钱的时候——最终，他们曾经所拥有的一切都没有了。

我曾与许多交易成瘾客户打过多年交道。除其他事情外，我总是先让他们填写一张设计好的调查问卷，来揭示一些成瘾标志。交易成瘾者难免是不良交易者，所以对我来说如果想更有效地治疗他们，我必须首先指出冒险/交易成瘾者的那些习惯，进而克服并提出建议。怎么辨别你正处于一个成瘾者的"危险"中呢？列出一些警告标志如下：

- 交易是醒来时第一件考虑的并且是睡觉前最后一件考虑的事情。
- 迫不及待地在早上打开电脑查看期货并且寻找新的交易股票。
- 在工作时，不断地查看市场，确定你的股票运作情况，甚至将工作抛于脑后。
- 推迟重要的责任，因为它们占用了你的交易和交易研究时间。
- 在交易时不回电话或邮件，即便它来自一些重要的人。
- 对重要人际关系表现冷漠和远离，因为感觉那些妨碍了交易活动。
- 当配偶或者孩子打扰了你的交易活动时，对他们发脾气。
- 周围人只要看你的脸色就可清楚地知道你一天的交易如何。
- 当遭受一连串损失时，责怪市场、市场操纵、经纪人或者你的交易系统——所有的一切，除了自己。
- 如果可以全日制交易或者拥有更多的资金或者少一些责任，你认为可以成为更好的交易者。
- 频繁报名参加然后退出股票咨询机构，为了找到一个确保让自己赚钱的专家。

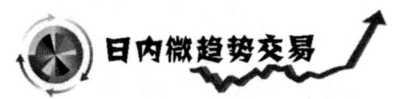

- 在交易设备、软件以及交易研讨会上毫不犹豫地花大把的钱,但却不愿将钱花在孩子、房子和家庭上。
- 唯一读的书即是关于交易的书,报纸上第一个翻看的版块是财经,最喜欢的电视频道是美国全国广播公司财经频道和彭博环球。
- 花费过多的时间估算交易所需的资金并且考虑如何支出。
- 因为交易活动而失眠、不良饮食和运动习惯。
- 要么在度假时继续交易,要么从不度假因为不想停止交易。
- 认为股票是乏味的,其衍生物(例如期权、期货、外汇等)才是真正的挣钱之道。
- 持有下跌的股票太长,卖出上升的股票过早。
- 为每个新的头寸注入超过10%的资金。
- 用保证金为头寸融资。
- 用为其他用途所存的钱(例如大学基金、退休金、新车等)来交易。
- 借钱(从家庭、朋友或信用卡)来充实你的交易账户。
- 认为一次大的赢利就可以弥补一连串的亏损。
- 交易活动引起破产;可能正在寻找如何申报破产。
- 交易活动使你或者你的配偶考虑离婚。
- 交易活动使你或者你的配偶考虑自杀。

我太了解这些警告标志了。除了在我的客户身上看到外,我自己也有这些标志。现在——受上帝保佑和我挚爱的妻子的帮助——我已经康复了。如果不是上帝将我从无法自拔的交易生活中解救出来(我经历了不下于16个标志),我的故事估计也会成为众多警世小说中的一个。幸运的是,我从不故意伤害自己的客户工作,我也没有自我伤害。但是,据我所知,自毁的道路就是迈出看似不经意的、很小很小的一步。

第 13 章 交易是赌博的一种形式吗？

抵御上瘾的方法

交易、酒精、色情、毒品、运动等等的上瘾是两种东西的产物：脑部化学和精神束缚。前者通过改变态度和行为，在一些极端情况下，用处方药来解决。后者只能通过祈祷和信仰来解决了。许多顾问用认知疗法（改变一个人的思想）和行为疗法（改变一个人的行为）的结合来治疗上瘾者。但是，如果精神方面没被察觉和影响，在绝大多数情况下成瘾者会改变上瘾。例如酒鬼会变工作狂，或者，性瘾者成为健身迷。退一步说，这些都是进步，但是成瘾者的生活如果仍然不受自己控制，恐怕会祸患无穷。

上瘾的精神成分是复杂且暂时无法治愈的。在这个领域有些惊奇有力的可用资源，我经常用的比如是上帝将我从痴迷的交易束缚中解救出来的说法。尼尔·安德森的书《打破束缚》，是个很好的开端。他的另一本书《走出上瘾》，同样也很有帮助。

偏差的行为方面更加直接。如果交易上瘾以风险作为动力，那么解决的方法就是减少风险。尤其是需要在以下方面减少风险：

- 没有适当的计划或系统而用预感和直觉来进行交易
- 所建头寸的风险相对于账户中的资本风险太大
- 用太大杠杆资金的风险
- 持有下跌股票时间太长和卖出上升股票时间太早的风险
- 损失比你所能够承担起的损失更多的风险
- 对你重要的人隐瞒亏损的风险

在这本书里，对以上这些风险都逐一讲解并提出了解决办法。在第三章，我提出了五步交易计划。在第五章至第十二章，我列出了八个有效的交易系统供你使用。预感或直觉交易，寻找热门消息和新闻报道，或者追寻热门股目录，这些都是不可原谅的。作为交易者，你的成功实质上是由我所列出的步骤来保证的。独自试图取得成功的焦虑也会随之而去。

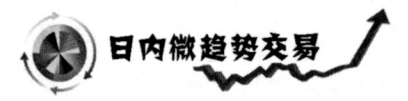

如果你严格地按照我的五步计划，你就不会有在头寸上投入太多资金的困扰。相反，你会自动将交易资金划分为 10 份，在每个头寸中都不会投入超过 10% 的份额。这样做，你将已经用适合于此类交易的方式分散了你的风险。当资金增长时，你的头寸也会跟着增长。但是绝不会超过资金总额的 10%。

对于用保证金来融资，你必须简单地说"不"。如果你的交易账户中有 25 000 美元或者更多，你的经纪人可以提供给你 4∶1 的保证金杠杆。这意味着你会有 100 000 美元的购买力。你们中的一些甚至可能有账户，其提供 10∶1 保证金对积极交易者（250 000 美元的购买力）。在这罪恶的吸引人的数字前，只要微笑着说"不，谢谢"即可。你必须保证自己在任何情况下都决不将超过总资金的 10% 投入一个头寸。如果你想融资，交易超级交易所交易基金（ETFs），或者关注于高贝塔股票。它们能让你没有风险地赚足够的钱，也不会让人上瘾。

再者，按照我的系统来交易，你决不会卖掉亏损的空头，而持有赢利的多头问题（至少达到目标或止损）。在我辅导的客户中普遍的痛苦来源是他们长久持有下跌的股票。我经常问他们是否读了我的书——生存之道的趋势交易。大部分人说他们已经读了，而且很多人都说从中获益匪浅。我下一个问题就是，既然读了为什么不按照我说的规则去做？我不知道在人类天性中是什么驱使了他们想去无论做什么都要"按我们的方式去做"。在大多数生活和文化的场景中，用"我们的方式"去做——传统的美国美德——是适得其反的。这在交易中尤为明显。我对交易者的两个告诫是"根据计划交易"和"服从系统"。

如果你按照我的五步计划交易，你决不会亏损太多钱。这不可能。在做第一笔交易之前，你应该决定一个"我退出"的货币数字底线，如果达到了，那么这个信号就说明了是时候结清资金，关闭交易，寻找下一个爱好了。这个数字不会超过总交易账户资金的 1/3。超过了这个数字将会增加风险计算并且有交易上瘾的可能性。

第13章 交易是赌博的一种形式吗？

最后，可能也是最重要的，为了避免独自交易的危险，至少找一个人，这个人是你了解并且信任的，来充当你的责任伙伴。与这个人按时查看资金，给他或她展示你的交易记录，会计财务报表和交易策略和方法，这样可以确保这个新的可赚钱的消遣不会转变为致命的迷恋。

结束语

我不想悲观结尾。对于交易上瘾的真实情况的坦诚讨论,特别是像这本书中提及的短期交易,是更迫切需要但又经常被遗漏的。但是这不是结束。让我们以积极的氛围来结束。

读到这本书的最后几页,你已经是交易总数中10%的聪明人之一了。像他们一样,现在你已经有了每天在股票市场中盈利所需的工具和策略。你对那种微趋势交易适合于积极交易者有了强烈的感觉,且知道如何利用它们来获利。

读了这本书后,你可以进行微趋势交易了,从上瘾、压力、焦虑中解放出来。你制定计划,如果按照这个执行,将会遏制住情绪和冲动。有经过时间和市场多样性考验的系统为你所用。而且你同样有个生意好伙伴——我——当你有任何问题都可以寻求帮助的人。通过我的网站(www.befriendthetrend.com)联系我,随时可以写信给我。

对交易者的祝福

我既不是牧师也不是神父,但是我还是想以祝福来结尾:

祝愿你的趋势交易总是赚钱和兴奋的。

祝愿你亏损微小,也愿它们永不会打扰你内心的平静。

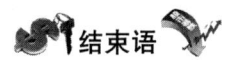

祝愿你有条不紊地扩大你的赢利，保持资金平衡，不要沉迷于贪婪和欲望中。

祝愿你将新发现的财富与他人分享，尤其是那些真正需要的人。

最重要的是，祝愿你明智地知道什么是最有价值的，并且了解交易并不是什么。

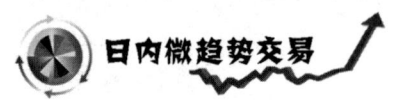

关于作者

  Thomas Carr 博士，也就是"Stoxx 博士"，由于他在交易界被广泛地了解，自从 1996 年以来一直是一个积极的交易者，也是俄亥俄州蒙特尤联大学哲学和宗教研究终身教授。他从牛津大学获得了哲学硕士和哲学博士，并从普林斯顿神学院获得神学硕士学位。由于对市场有深入的洞察力和交易心理学而为人所知，Carr 博士一直受到《华尔街》、《美国新闻和世界报道》及《股票和商品的技术分析》的采访。他是最畅销书《生存之道的微趋势交易》的作者（McGraw-Hill, 2007）。

  2002 年，Carr 博士建立了 Befriend the Trend Trading 网站、股票交易咨询和交易训练服务，致力于帮助小额交易者开发获利交易技巧。Befriend the Trend Trading 网站通过它的网址 Befriend.com 发布三篇日股票咨询报告，Carr 博士作为主要的分析师和技术员提供服务。作为私人交易教练，Carr 博士已经帮助了几百个客户学习如何从股票市场获取日收益。他偶尔也在世界的一些都市举行公开研讨班。

  对于研讨班的教材和私人教授的信息，请直接与作者联系，drstoxx@befriendthetrend.com。